梁海明／著

"一带一路"新征程与

人民币国际化

U0498004

西南财经大学出版社
中国·成都

图书在版编目(CIP)数据

"一带一路"新征程与人民币国际化/梁海明著.—成都:西南财经
大学出版社,2023.7
ISBN 978-7-5504-5817-8

Ⅰ.①一…　Ⅱ.①梁…　Ⅲ.①人民币—金融国际化—研究
Ⅳ.①F822

中国国家版本馆 CIP 数据核字(2023)第 109154 号

"一带一路"新征程与人民币国际化

"YIDAI YILU" XINZHENGCHENG YU RENMINBI GUOJIHUA

梁海明　著

策划编辑:何春梅
责任编辑:李　才
责任校对:周晓琬
封面设计:杨红英
责任印制:朱曼丽

出版发行	西南财经大学出版社(四川省成都市光华村街 55 号)
网　　址	http://cbs.swufe.edu.cn
电子邮件	bookcj@swufe.edu.cn
邮政编码	610074
电　　话	028-87353785
照　　排	四川胜翔数码印务设计有限公司
印　　刷	四川新财印务有限公司
成品尺寸	165mm×230mm
印　　张	13.25
字　　数	154 千字
版　　次	2023 年 7 月第 1 版
印　　次	2023 年 7 月第 1 次印刷
书　　号	ISBN 978-7-5504-5817-8
定　　价	68.00 元

前　言

党的二十大报告提出，有序推进人民币国际化。这既出于中国经济、金融安全的考量，也符合当前国际货币格局调整和服务中国经济高质量发展的要求，更是推进中国式现代化的需要。

人民币国际化是指人民币在中国境外流通并获得国际市场的广泛认可和接受，成为国际交易货币、投资货币、结算货币和储备货币。早在 2008 年，美国"次贷危机"暴露了美元本位的缺陷，促使国际社会开始探讨"国际货币多元化"，推动人民币国际化也成为广泛的议题。自 2009 年起，随着中国政府开始推动跨境贸易人民币结算试点，人民币国际化开始启动。

自 2009 年启动至今，人民币已发展成为全球第五大最活跃货币。随着各国政府和中央银行逐步增持人民币，人民币作为官方储备货币的地位也正在持续巩固；人民币在全球外汇储备中的占比位居全球第五位，已有八十多个境外央行或货币当局将人民币纳入外汇储备。

人民币国际化的一系列成果，得益于中国经济高质量发展和"一带一路"建设不断向前，同时也表明国际社会对中国发展投下了信任票。中国政府大力推进人民币国际化，除了寻求与经济实力相匹配的国际货币地位之外，还有获得铸币税收益、减少交易成本、增加金融机构收益、实现国际收支赤字融资等考量。

2023年是"一带一路"倡议提出10周年，我们正迈向"一带一路"高质量发展的新征程。当今世界正经历百年未有之大变局，国际环境更加复杂严峻，大国竞争与博弈更加激烈，地缘政治风险加大，金融波动显著加剧。人民币国际化虽然需要面对新的挑战，但也迎来了前所未有的机遇。未来，随着人民币国际化水平稳步提升，相信人民币将在服务实体经济等方面发挥越来越大的作用，在国际舞台上扮演越来越重要的角色。

本书首先介绍了国际社会去美元化浪潮下的博弈、中概股退市风波、美国地缘经济思维冲击全球金融体系等内容，并通过大数据、人工智能模型分析，结合科研团队在经济学、国际传播学、国际关系学和国际政治学等领域的专业经验、见解和独家核心算法，创新地研究了美国未来将向中国持续施压的几大领域，同时指出人民币国际化将遇到的挑战。

本书接着介绍了如何与"一带一路"沿线国家加强数字贸

易助推人民币国际化、如何与"一带一路"第三方市场合作为全球提供范本、如何用 AI 技术赋能中国与中亚共建"一带一路"、如何打造"电力人民币"推动东南亚电力互联互通、如何构建"一带一路"国际金融新治理体系等内容，并据此分析、挖掘人民币国际化所面临的新机遇。

本书最后介绍了如何发挥粤港澳大湾区优势推进数字人民币国际化、深港加强金融合作助推"双循环"发展、挖掘澳门发展成为国际金融中心的潜力等内容，同时分析人民币国际化的未来前景，探讨为何人民币越来越受到国际社会的欢迎，并揭示人民币国际化未来的新突破和新动能。

笔者认为，在新挑战、新机遇下，未来只要继续有序、稳步、谨慎地推进人民币国际化，预计最快十年，也就是 2033 年左右，在现时全球前五大结算货币中，排在美元、欧元、英镑和日元之后的人民币，就有望发展成为仅次于美元、欧元的第三大国际货币。

需要强调的是，人民币国际化并不是为了取代美元，而是中国为减少对美元的依赖、更加保障自己在经济和金融领域的安全之举措。

另外，值得一提的是，在我当前出版的十本中英文图书中，本书是笔者与西南财经大学出版社合作出版的第七本书。与同一家出版社合作次数如此之多，实属难得。在此，特别感谢陆新之先生和西南财经大学出版社对我的信任、支持和帮助！大家这些年来的合作一直都很愉快和默契，相信未来还将会继续合作下去。

同时，新著得以顺利出版，我十分感激妻子、孩子和其他家人对我的支持、鼓励和谅解，他们让我可以专心于研究工作和写作。我还要感谢各位师长、前辈、同事和朋友一直对我的指导、协助，你们让我获益匪浅。

最后，希望本书对读者有益。我对本书的所有缺失、错误及不恰当评论负所有责任。读者如对本书有任何疑问，可发邮件（archie0706@ hotmail. com）与我联系。谢谢！

梁海明

2023 年 4 月

目 录

第一章

人民币国际化的挑战：
风波不断，积极应对

　　我们必须清楚地认识到，在历史上，各国去美元化的尝试有很多，但在美国的强力阻挠下，至今仍谈不上很成功。在当前这一波去美元化浪潮下，未来全球货币体系的多元化趋势会更加明显，美元地位也将进一步削弱。

　　但对于中国而言，人民币国际化尚需时日且面临诸多挑战，需要更加有序、稳步和谨慎推进。在未来10年，逐步将人民币发展成为仅次于美元、欧元的国际第三大货币之后，再根据当时形势，规划进一步的发展。

1. 美元现仍占主导地位

美国联邦储备委员会（以下简称"美联储"）从 2022 年 3 月开始频频激进加息，严重冲击各国经济。去美元化呼声日益高涨，更有不少国家呼吁重塑国际金融体系，以打破美元霸权地位。对于中国而言，如何通过这波去美元化浪潮避免遭受冲击乃至从中受益，值得各方关注和探讨。

2022 年初俄乌冲突以来，全球掀起了一波自 2008 年全球金融危机以来最大的去美元化潮流。究其原因，除了众所周知的俄罗斯带头去美元化，美国对俄制裁和实施外汇冻结，令很多国家开始对美国将美元武器化的做法感到忧虑等因素之外，还有以下四个因素的推动：

其一，美联储开始激进加息，引发发展中国家的债务危机。自 2022 年 5 月开始，斯里兰卡、土耳其、埃及、突尼斯、埃塞俄比亚、巴基斯坦、加纳和萨尔瓦多等几个债务沉重的国家，已经陆续出现债务危机。早在 20 世纪 70 年代末，美联储的超预期加息，就导致拉美国家陷入债务危机，进而导致拉美国家接下来经历了"失去的十年"的经济萧条。

美联储 2022 年 3 月开始超预期、激进加息，很有可能导致更多发展中国家经历"失去的十年"。有了前车之鉴，因此不少国家已经未雨绸缪，这加快了去美元化的进程。

其二，美国实力已不如前。美国虽然仍以全球领导者自居，却逐渐被多国抛弃。世界正处于百年未有之大变局，美国的外交力量和经济力量逐渐难以支撑其世界第一的地位，尤其是随着欧盟、中国、俄罗斯和其他新兴国家的崛起，在国际事务中，美国的影响力和决定性作用明显逐渐减弱，甚至美国曾经引以为豪的经济力量，也每况愈下，美国综合实力已大不如前，对全球金融、经济的影响越来越力不从心。随着美国综合实力的逐渐下降，美元对各国的吸引力自然也越来越小。

其三，美国逐渐不被各国信赖。一国货币要成为世界主导货币，归根到底是信任问题。过去，即使美元遭受大量批评，但多数国家仍相信这是美国一种"理性的疏忽"，世界上多数国家仍然相信，就算最坏的情况发生，美国政府也必会解决难题，渡过难关。这种信任已经支撑、延续美元的世界主导货币地位很长一段时间。

如今，各国对美国的信赖感逐渐消失。因为在国际上，近年美国愈发横行霸道，而在国内问题上，却愈发手足无措。众多国家开始认识到，这种困局并非是由美国"理性的疏忽"造成，而是美国的"真正的疏忽"导致，并且出现美国无力破解的迹象。各国在这种信赖感逐渐消失的心态下，去美元化的动作也自然加速。

其四，美国试图把中国概念股"请离"美国金融市场的行为，客观上加快了去美元化进程。美国作为国际金融引领者，若能持续、大量汇集全球优质的公司前往美国交易所上市融资，无疑可继续将国际金融这个饼做大，从而进一步增强美国在国际金融市场的影响力、号召力和领导力。然而，美国政府近年选择将金融武器化，试图把世界第二大经济体中国在美国的上市企业"请离"美国金融市场。实际上，中国企业被动离开美国继而被动减持美元，既削弱了美国的国际金融领导地位，也削弱了美元的国际地位。

当然，在这波去美元化浪潮中，我们也必须清楚认识到，在历史上，各国去美元化的尝试有很多，但至今仍谈不上很成功。美元的地位，暂时仍难以被彻底撼动，其原因主要有以下三个：

其一，美国通过美元控制世界。美国前国务卿基辛格曾说过一句话："控制了货币，就能控制全世界的经济。"美国要继续控制全世界的经济，就不会坐等其他国家的货币威胁到美元的地位。历史上，无论是日元还是欧元，都曾被美国狠狠地"修理"过。

美国一直在千方百计维护美元的长久霸权地位。早在2008年全球金融海啸期间，美联储和欧洲、加拿大、英国、瑞士及日本央行，曾经达成一项临时的美元互换协议。当时这项协议的动机，只是为解决外国银行短期美元短缺问题，以应付金融海啸的袭击，但其后，美国却把临时的应对策略作为永久性协议。

根据这份协议，美联储可以随时为上述被指定优待的5家外国央行提供美元，此举形同承认美元在国际金融市场上具有独一无二的地位。由于国际银行大都倾向以美元借贷，因此，美国只要把这份互换协议永久化，多数外国央行在非常时期也就能够提供美元给自己国内的银行，美国就可凭此将在国际间的"最后贷款人"功能国家化。

简而言之，在这份永久协议之下，国际间唯一能紧急供应美元流动的来源，唯有美国，唯有美联储，别无分号。对其他国家而言，只有美国愿意给你美元，你才有美元；美国不给，你抢不了。

其二，美元不吃香，各国也同样受损。各国即使真有办法实现去美元化，导致美元失去国际货币的领导地位，虽然会令美国政府、美国金融机构遭受灾难级的损失，但一旦美元在国际上不再吃香，各国也会一损俱损。那时候，外国的中央银行和国际投资者就会急着卖出美元和美元资产。争先恐后的抛售必然导致美元大幅贬值，包括中国在内的各国中央银行、外国投资者就会因为持有美元资产例如美国国债等而蒙受严重亏损。同时，外国中央银行和国际投资者会疯狂购买欧元、日元乃至人民币这些货币及资产，以取代美元和美元资产，作为其外汇储备和新的投资目标。这将造成上述货币汇率大幅升值，出口贸易必遭重挫。届时，这些国家别无选择，很可能实施严格的资本管制，限制外资购买本国货币和资产。一旦爆发这种金融乱象，全球各国都将是受害者。

其三，各国愿意大量使用其他货币的诱因暂未出现。要发展出一种可与美元分庭抗礼的全球储备货币，有不少现实问题需要解决：一是某货币要思考如何建立足够强大的信用，以提高使用量和流动性。二是既然美国依靠美元推行其金融霸权，那么，其他国家的货币一旦取代美元，未来会否也采取美国的霸权做法，成为另一种"美元"？在这种新不如旧的心态下，愿意改变现状的国家不多。

对于中国而言，人民币国际化尚需很长一段时日且面临诸多挑战，需要更加有序、稳步和谨慎推进。因此，在未来十年，需要逐步将人民币发展成为仅次于美元、欧元的国际第三大货币，之后再根据当时形势，规划进一步的发展。

从目前来看，在近年这一波去美元化浪潮下，未来全球货币体系的多元化趋势虽然会更加明确，但未来若真有一种货币能够取代美元在国际上的地位。那么，这种货币应该是会在超越国家、超越经济联盟、超越政治联盟的体制下，被世界大多数国家认可和使用的，才可能长期存在并占据国际市场的主导地位。

对于中国香港而言，它是以美元为主导的国际金融体系下的国际金融中心，现实之中去美元化程度越严重，对香港国际金融中心的地位冲击越大。在国际金融市场秩序、规则由美国维护、制定的今天，香港要享受国际资本、金融市场自由化带来的好处，就意味着要承受金融自由化所带来的后果。对此，未来香港特区政府需要更加关注国际社会去美元化的进展，以此修好并巩固金融"堤防"，"且行且珍惜"。

香港需要考虑更积极地开辟新领域，在保持美元主导世界的国际金融中心地位的同时，发展成为规模更大、业务更多元化的离岸人民币中心，把握各国加快去美元化的契机，争取更多的政策优惠，并以此进一步推动人民币国际化。

例如，香港特区政府可向中央人民政府申请，容许"港股通"南向交易股票以人民币计价，并实施更多互联互通措施。自沪深港通开始，基金互认、深港通、债券通、粤港澳大湾区"跨境理财通"等相继落地，香港与内地金融的互联互通持续深化。香港一直是人民币国际化的最佳实验区，也是布局离岸人民币中心的最佳地点之一，扮演着人民币国际化更进一步的枢纽角色。当前，香港拥有中国内地以外最庞大的人民币资金池，未来更多人民币资金沉淀，也有望强化并巩固香港作为离岸人民币枢纽的地位。

同时，更多联通中国内地与香港两地市场的举措，也能对去美元化浪潮可能导致的潜在国际和地缘不确定性形成对冲保护。例如，在当前依然存在较大不确定性的国际和地缘局势，加之香港金融体系外部政策的不确定性，都可能会对港元和以港元计价的股票产生冲击，而及时地推动人民币计价则有望在一定程度上对冲压力，稳定港股的价格。

因此，香港如能在中央人民政府支持下发展成为"华洋兼收并蓄，存贷外汇齐飞，债券股市一色"的国际金融中心，那么将进一步提升人民币国际化水平，使人民币更受国际欢迎。

2. 人民币国际化的"拦路虎"

近年来中美关系风波不断。一方面，在国际上，美国霸权地位和相对实力在下降。对于国内存在的严重经济和社会问题，美国习惯性地诿过于人，意图通过反华制造假想敌，转移美国民众的视线，让其不再关注政府在国内问题上的不作为，想借此挽回民意。另一方面，中国拒绝当"接盘侠"为巨量美债发行买单，这无疑将严重影响美元乃至美国的国际霸权地位，令美国对中国做出越发激烈的反应，既影响中美关系，又影响人民币国际化的进程。

在美国新冠疫情失控、经济陷入半停顿状态、大量企业倒闭和民众失业率上升的情况下，美国政府为力挽狂澜于既倒，推出多项刺激经济、增加就业的措施。在金融领域，美国多次使出现代版的"点石成金术"——其如意算盘是，让美元保持作为主要国际货币的地位。因为只要美元汇率足够坚挺，利率、物价保持稳定，世界各国就都会成为美国无限量化宽松政策（指美国央行无限量地向市场提供货币供给的做法——2020年3月，美联储便宣布进行无限量化宽松政策以化解新冠疫情对经济的影响。量化宽松并非指直接将资金提供给市场，而是以借贷、购买有价证券的形式进行）的"接盘侠"。美国不但可以发行更多的美钞，还可以大规模地借债融资。债务到期后再向"接盘侠"发行新债融资，这样美国政府既不用归还旧债本息，也不需要国内提供更多商品和服务用以还债，还能源源不断地筹集到资金来刺激美国本土经济。

然而，2022 年 3 月以来的美联储加息，又想通过无本生利、令全球其他国家为其买单的如意算盘未能得逞。包括中国人民银行在内的众多海外央行与机构投资者，不愿继续为数万亿美元的巨量美债发行买单。

一方面，新冠疫情对全球经济的冲击逐渐减弱，部分国家经济开始重启，持有美元或美债以避险的需求不再增加。并且，很多国家对大量持有美元、美元资产的信心早已不足。早期的美元钞票上印有"Gold Coin"字样，表示钞票有黄金支持，持有该钞票者可随时将美元兑换为黄金，这就是所谓的"In Gold We Trust"。但自 1971 年开始，美国终止美元可兑换黄金的保证，美元钞票上的字样换成"Federal Reserve Note"，"Note"的实质意思就是一张欠条。因此，如果没有黄金作为实物的支持，美元就只能是"In God We Trust"（如有损失只能找上帝要）。

另一方面，美国政府不断发行新债还旧债，令美国的财政赤字持续增加，美国经济陷入中长期衰退的风险骤增，持有美债的风险增加。因此，美国此举实属"我只为我，人人为我"，对包括中国在内的各国埋下了巨型定时炸弹。

因为目前全球经济前景不明朗，滥发的美元正在惩罚那些外资撤离导致宏观经济失衡或政治不稳定的国家，在各种冲击下这些国家的货币汇率摇摇欲坠。包括中国在内的各国，如果想获得更多美元或美元资产作为稳定国内经济和货币汇率的外汇储备，就需要向美国出口更多的原材料、家居用品和工业产品。这种不对称的经济合作模式，实质是美国将各国不断增长的盈余回收，用于弥补美国无限量印发的钞票和不断攀升的赤字，意味着全球越来越多的穷人未来需要更加努力生产，向美国的少数富人提供更多的消费品、工业产品，以获得印有"In God We Trust"字样的美元钞票。

此外，包括中国人民银行在内的多国央行也不愿重蹈此前经济危机中的覆辙跟随美国政府起舞，不希望通过极其激进的货币政策刺激国内经济而引发严重后遗症。

以中国为例，在正常时期，中国要购买美债，首先要获得美元作为储备，这就要扩大出口或吸引美元投资。而在外汇储备不增或下降情况下，中国不可能扩大美债投资。购买美债，则是中国对外汇储备的一种运用方式，而并不是美国人逼迫之下购买的。但在新冠疫情影响下的特殊时期，如果中国要采取美国刺激经济的措施，中国人民银行也同样需要印发天量的人民币来刺激经济。由于在中国人民银行的资产负债表上，外汇（美元、美债）是最主要的资产，如果中国人民银行要发行更多的人民币，则需要依托更多的美元资产。因此，中国若要启用大量印钞票的手段来刺激国内经济，就需要购买更多美元或美元资产作为支撑，此举相当于中国间接为天量美债发行买单。

然而，中国政府如今已改变思路——通过更加积极有为的财政政策、更加稳健灵活的货币政策，发挥中国国内超大规模市场优势，通过繁荣国内经济、畅通国内大循环为中国经济发展增添动力，因此也就无须再大规模添置美元资产。

美国财政部 2022 年 11 月 16 日公布的 2022 年 9 月的国际资本流动报告（Treasury International Capital，TIC）显示，2022 年 9 月份外国投资者持有的美国国债规模降至了 2021 年 5 月以来的最低水平，其中尤以美国两大"债主"即日本和中国的减持力度最受瞩目。美国财政部的数据显示，日本 2022 年 9 月持有的美国国债规模从 8 月的 1.199 8 万亿美元降至了 1.120 2 万亿美元，环比减少了 796 亿美元。尽管日本目前仍是美国国债最大的海外持有国，但其近来已连续 3 个月减持美债，持仓创下了 3 年多来的新低。至于美国第二大"债主"中国，在 2022 年 9 月持有的美国国债规模则从 8 月份的 9 718 亿美元降至了 9 月份的 9 336 亿美元，环比减少 382 亿美元。截至 2022 年 9 月，中国持有的美国国债规模已经连续 5 个月低于 1 万亿美元，总持仓降至了 2010 年 6 月以来的最低。

美元是美国的核心利益所在，美国政府不允许美元地位出现动摇。美国政府为了让世界各国恢复对美元的信心并增持美债，并不是正常地采取少印美元、少发美债、恢复经济、减缓新冠疫情的措施，而是采取制造各种事端、激化与中国的矛盾、加剧中美关系紧张的偏激手法。美国此举可能出自两方面的考虑：一是逼迫中国转而大量购买美债，让中国引领更多国家成为美债的"接盘侠"；二是通过制造紧张局势，刺激国际投资者避险需要而增持美元资产，以维护美元的国际地位，并降低人民币国际化水平，减少各国持有人民币的额度。

因此，可以预测，如果美国未能达到上述目的，美国政府还将持续在各个领域向中国出招，迫使中国当美元、美债的"接盘侠"。反之，对中国而言，只有经得住、扛得起美国的各种压力，坚持以中国式现代化推进中华民族伟大复兴，以国内大循环为主体，更好地通过发挥内需潜力，使国内市场和国际市场更好地联通，助力经济稳步发展，才能最终打破美国全面遏制中国的企图，为人民币国际化打下更加坚固的基础。

3. 透视 SWIFT 打压俄罗斯

　　随着俄乌局势愈演愈烈，美欧等西方国家及地区对俄罗斯的金融制裁开始升级。美国等西方国家 2022 年 2 月 26 日发布联合声明，表示将部分俄罗斯银行排除在环球同业银行金融电信协会（Society for Worldwide Interbank Financial Telecommunication, SWIFT）支付系统之外。那么，未来美欧等西方国家及地区是否也会通过将中国金融机构排除在 SWIFT 支付系统之外打压中国？中国又是否有应对之策？

　　SWIFT 成立于 1973 年，总部设在比利时首都布鲁塞尔。它的主要职能是在全球银行系统之间传递结算信息，它是世界各地银行用来发送和接收金融交易信息的网络，也是支撑美元在国际贸易和投资中锚定作用的基础设施之一。SWIFT 支付报文系统覆盖了绝大部分跨境交易，它基本掌握了全球跨境支付信息，可以提供高效率、低成本的解决方案。如果一个国家的金融机构被排除在 SWIFT 支付系统之外，那么该机构的跨境业务报文成本将大幅上升，甚至业务无法进行，这实际上就是切断了这个国家的金融机构与全球银行系统之间的联系。这样一来该国将无法进行跨境收付款，进而影响该国的国际贸易、国际金融合作。

　　公开资料显示，目前 SWIFT 系统拥有约 1.1 万家成员机构，包括约 300 家俄罗斯银行。而大部分俄罗斯银行被禁止使用 SWIFT 支付系统，这相当于将俄罗斯金融体系从国际清算体系中排除，使俄罗斯的许多国际贸易无法进行支付清算，其进出口商或被迫重新谈判、选择范围收窄，俄罗斯的国际金融合作也将受到极大限制。而且这一影响涉及 SWIFT 支付系统内全部币种的支付。

俄罗斯虽然面临的局势很严峻，但从过去的案例推测，美国等西方国家在 SWIFT 支付系统剔除俄罗斯金融机构，逼迫俄罗斯屈服，这样的行为可能达不到预期效果，并且对全球金融市场的影响也比较短暂。其主要原因如下：

其一，美欧过往的制裁既然不能令古巴、伊朗屈服，那么相信美欧等西方国家对俄罗斯的金融制裁也很难令俄罗斯屈服。

美欧此类金融制裁，不外乎是不许俄罗斯使用 SWIFT 支付系统来兑换外汇。由于俄罗斯没法兑换外汇就很难与其他国家做生意，这样的金融制裁等于切断了俄罗斯与外国的商业联系，使俄罗斯的经济容易崩溃。世界上大多数国家愿意接受的外币仍是美元与欧元，美元与欧元合计约占国际贸易结算币种的 85%。但这并不代表被制裁的国家一定会屈服。

其中古巴的例子最有说服力。古巴是一个岛国，缺乏外国需要的自然资源，它也没有自己独有的先进科技；古巴国土面积小，总人口数量少，它靠内循环产生的经济动力极其有限。但从 20 世纪 60 年代古巴被制裁到今天，它依然坚持走自己的道路，并未向美国等西方国家屈服。

另一个被美国制裁了很长时间（超过 40 年）而没有屈服的国家便是伊朗。美国此前就曾在 2012 年和 2018 年两度将伊朗的金融机构"踢出" SWIFT，但伊朗政府至今仍在美欧的全面制裁下顽强运转。

俄罗斯的情况则相对较好。一方面，俄罗斯地大物博，经济内循环条件较古巴、伊朗好很多。另一方面，俄罗斯应已对美国等西方国家的金融制裁做好准备——它不仅基本卖光了手上的美元资产，还建立了一个自己的外汇兑换系统俄罗斯央行金融信息传输系统（System for Transfer of Financial Messages，SPFS），并考虑加入伊朗金融结算系统Sepam避险，这显示俄罗斯已做好随时被踢出SWIFT的准备。可见，美欧想通过SWIFT系统剔除俄罗斯银行来逼俄罗斯屈服的做法成功的可能性更小。

其二，并非所有欧盟国家都愿意跟随美国的制裁步伐。

俄罗斯是继美国之后SWIFT用户数量第二多的国家，大约有300家俄罗斯金融机构使用此支付系统，超过一半的俄罗斯金融机构是SWIFT成员。禁止俄罗斯金融机构使用SWIFT支付系统，将令法国、奥地利和德国银行在俄罗斯逾500亿美元的贷款无法获得偿还，这无疑会导致欧盟国家难以与美国同心协力制裁俄罗斯。

而且，欧盟成员国塞浦路斯是俄罗斯富豪的避税天堂，许多俄罗斯富豪在塞浦路斯开离岸公司和银行账户，然后回国投资；塞浦路斯作为避税天堂，从中获益不少。所以塞浦路斯较难同意将俄罗斯剔出SWIFT支付系统，否则它将损失惨重，而俄罗斯富豪也会另选其他地区，如转往中国香港。

何况，美国及其盟国只是将选定的俄罗斯银行从SWIFT支付系统中移出，而非全面禁止俄罗斯使用SWIFT支付系统。美国及其盟国应该是考虑到了德国的反对声音。因为俄罗斯正是通过该系统向德国收取欧元，以出售石油和天然气。如果欧美国家决定将俄罗斯全面踢出SWIFT支付系统，俄罗斯银行将被迫使用传真、电邮、电报等方式完成交易，这样一来不仅耗时更长，俄罗斯也无法提供同等的安全保障。欧美国家的金融制裁虽然会重创俄罗斯的国际贸易量，但对欧盟国家而言，若要购买俄罗斯的石油、天然气，购买程序将变得十分复杂，这对德国乃至全欧盟国家的石油、天然气供应影响较大。

其三，局部摩擦和制裁行动，对国际金融市场的影响不会持续太长时间。

标准普尔 500 指数被广泛认为是唯一衡量美国大盘股市场的最好指标，它也显示了全球股市的动向。在过去七八十年间，就历次地缘政治对标准普尔 500 指数的冲击而言，每次下跌均难以持续，其中只有偷袭珍珠港（Attack on Pearl Harbor）这般对全球贸易航运产生毁灭性打击的事件，对标准普尔 500 指数的冲击比较大；面对其他地缘政治的冲击，金融市场几乎每次都在两周内就得以恢复。例如特朗普当选美国总统及英国脱欧（Brexit），前者对标准普尔 500 的影响不超过一日，后者也是在两周内就收复失地，标准普尔 500 得以完全反弹。当然，国际金融市场虽然暂时不会将俄乌冲突视为长期影响金融市场的事件，但仍担心俄乌冲突会令全球通胀更加持久，包括美联储在内的各国央行采取更激进的加息措施，也会引发全球金融市场的激烈动荡。

当然，必须看到美国等西方国家对俄罗斯的金融制裁，它将严重伤害到俄罗斯民众。全球制裁数据库的资料显示：在 20 世纪 60 年代中期及以前，几乎 50% 的这类制裁都以失败告终；从 20 世纪 60 年代中期到 1995 年，这类制裁的成功率稳步上升；1995 年后，其成功率又急剧下降。这类金融制裁虽搞不垮目标国家的经济、金融，但却给目标国民众的健康和福祉带来重大的伤害。

全球制裁数据库的数据显示，2017 年，美国时任总统特朗普曾对委内瑞拉实施经济制裁，该制裁导致 2017—2018 年委内瑞拉 4 万人的超额死亡。而美国对伊拉克的经济制裁，更导致超过数十万儿童死亡。叙利亚在 2006—2016 年遭受经济制裁，使得儿童的疫苗接种率下降 40%，小麦产量下降 53%，该国 38%的人口的基本粮食需求无法得到满足，因此超额死亡人口每年增加。美国因制裁对他国制造的超额死亡人数超过了第二次世界大战后所有因战争死亡人数的总和。

美国卡托研究所的报告指出，被制裁者承担巨大的人道成本，制裁会破坏目标国家的经济并每年制造数万人的超额死亡，但它很难如愿推翻政权，反而会播下仇恨的种子。

对于中国而言，在当前美国频频对华挑衅的背景下，国际市场出现担忧情绪，担心美国会出台极端的金融封锁措施对中国进行打压。既然美国等西方国家已经将部分俄罗斯金融机构排除在SWIFT 支付系统之外，那么，未来美欧等西方国家是否也会通过将中国金融机构排除在 SWIFT 支付系统之外切断中国内地及香港的金融机构与 SWIFT 支付系统之间的联系？

一旦中国金融机构遭到 SWIFT 支付系统的封锁，中国金融机构就不能通过这一系统汇出或者收取美元，这等于间接被排除在以美元为主体的国际金融体系及国际贸易体系之外，肯定损失惨重。但是，不让中国金融机构使用 SWIFT 支付系统的难度，比不让俄罗斯、伊朗等国使用这一系统的难度要高出很多倍。

第一，尽管美国政府理论上可以禁止中国金融机构使用美元进行交易，进而影响中国资金供应，但美元霸权是美国的世界霸权在金融领域的反映，也为美国的世界霸权提供了重要的金融支撑，任何削弱美元国际流通的行为（尤其是令世界第二大经济体的中国不再使用美元的激烈措施），都不利于美元币值稳定，并将严重危害美国的战略利益。

第二，银行汇款属于中间业务，就算美国政府将中国金融机构排除在 SWIFT 支付系统之外，致使其他银行迫于美国压力不让中国的银行通过 SWIFT 支付系统进行交易，这些银行执行的也只是冻结中国的银行在其他银行资产的指令，而不是将其没收。如果情况真发展到这一步，中国的银行也会为了规避风险，提前将大量美元抛售，改用欧元、日元等其他国际货币。中国的银行抛售美元的行为，将会造成美元地位被进一步削弱。

第三，SWIFT 支付系统是全球金融的通信系统，中国的银行也是 SWIFT 的理事会成员之一。现在在上海也设有 SWIFT 支付系统办事处，它专门为大中华区提供服务。中国乃世界第二大经济体，并拥有 14 亿人口的庞大市场，相信 SWIFT 很难放弃大中华区这个巨大的市场。更何况，美国是靠向全世界收铸币税，即大量印美元并且让全世界都使用美元来发展自己的。将中国的银行排除出 SWIFT 体系，重创的是美国自己的经济利益。

目前，美元在国际贸易结算中的占比约为 50%。欧盟、日本出口商品已逐渐要求使用本国或本地区的货币来结算，而中国在贸易计价中使用人民币结算也已近 10 年，人民币使用范围已经覆盖五大洲。美元的地位已经开始动摇。如果美元被进一步孤立，美元的霸权就会衰落，这不是美国白宫希望看到的。

中国近年来大力发展人民币跨境支付系统（Cross-Border Interbank Payment System，CIPS）。根据公开资料介绍，相对于一个纯报文系统的 SWIFT，CIPS 是清算系统+报文系统。CIPS 以清算系统为主，境内部分报文自建并和中国现代化支付系统（China National Advanced Payment System，CNAPS）兼容，在中国人民银行每个季度都会发布的支付体系报告中，CIPS 系统与其他支付清算系统一样，都会提供交易笔数、金额等数据。同时 CIPS 也和 SWIFT 深度合作，对接国际标准，提升国际影响力。

截至 2022 年 1 月末，CIPS 系统共有参与者 1 280 家，其中直接参与者 75 家，间接参与者 1 205 家。

对此，如果美国等西方国家未来想要将中国金融机构排除在 SWIFT 支付系统之外，那么它们需要考虑的因素更多。

4. 中概股退市风波背后

随着俄乌冲突的爆发，在美国上市的中概股屡次遭受各种冲击。中概股屡受冲击主要是由于国际投资者恐爆发全球金融冷战，以及少数中概股"其身不正"影响了整体中概股的声誉。截至 2021 年年底，在美国挂牌的中概股（包括港股 ADR）市值约 3 万亿美元，其占美股总市值的比例超过 5%。自 2021 年以来，中概股屡次遭受美国证监会的"刁难"，以及国际投资者的出售冲击，主要有以下两大原因。

其一，国际投资者对中概股有担忧，恐爆发金融冷战。上文曾介绍，美国等西方国家"极限制裁"俄罗斯，将众多俄罗斯金融机构踢出 SWIFT 支付系统之后，多只在海外挂牌的俄罗斯上市公司股票股价几乎"清零"。例如 Sberbank（俄罗斯联邦储蓄银行）曾一度暴跌 99%，股价由 14 美元跌至 0.05 美元，市值由 1 000 多亿美元蒸发至仅约 1 亿美元，Rosneft、Lukoil 等石油巨头的股价也大跌 90% 以上。

这次"俄股清零"事件，导致西方投资者对新兴市场的风险偏好（risk appetite）出现系统性收缩。即使这次风波平息后，他们有重新投资俄罗斯和中国的机会，也难免会心有余悸。这样一来，相关公司的估值难免会大打折扣。假如美国等西方国家与俄罗斯在金融领域的冲突持续扩大，长远来看，这更可能造成国际金融市场、国际投资市场"逆全球化"。西方和东方资本市场俨然划分为两个阵营，它们交往有限，易陷入"金融冷战"

局面。

此番俄概股"核爆式"崩盘，已把国际投资者吓得不轻，因此不少人担心同类灾难会在中概股身上重演，这样一来便很容易引发恐慌式抛售。以全球最大国家主权基金之一的挪威政府退休基金为例，尽管该基金不会贸然把中概股"清零"，但只要它们为了避险而降低哪怕只是 10% 的仓位，便足以为中概股带来沉重沽压。

其二，少数中概股"其身不正"，美国证监会早已留有惩处后手。自从中国公司在美国上市后，美国市场一度对中概股出现疯狂需求，导致美国各大投行、私募基金和会计、审计机构，纷纷深入中国寻找到美国上市的候选民营企业。美国的这些机构（尤其是国际投行），一方面通过把中国经济的高速增长的概念注入这些民营企业，再经过多次粉饰、包装，让其成功在美国上市；另一方面，它们也协助中国民企通过反向并购方式，避开美国证监会的全面资格审批，迂回进入美国资本市场。美国投行、私募基金等机构通过这两大方式，协助中国民企——尤其是少数暂时不符合条件、粉饰严重的民企到美国上市，时机一到，它们就高价退出，从而获取丰厚利润。然而，正是这些机构的刻意包装，导致中国民企很多概念都依靠无形资产来支撑，等到这些被粉饰过的中国民企被陆续揭发有问题，甚至被做空后，中概股名声受损，整体遭到打压。

从 2011 年开始，由于一些中概股涉嫌财报造假，在美国证监会严厉打击下，逾 50 家在美国上市的中国企业退市，40 余名相关人员被控涉嫌欺诈罪。所谓"苍蝇不叮无缝的蛋"，美国证监会已把目标对准了其他可能有问题的中概股。

公开资料显示，中国企业赴美国上市，共有三波。第一波是兴起于 20 世纪 90 年代中期的保险、能源和电信领域的中国国企；第二波是极具竞争力的中国大型私企，如百度、携程等；第三波则是一些中小民营企业。大部分出现造假问题的中概股都属于这些中小民营企业，但美国证监会如今已把打击范围扩大到所有中概股。由于部分中国国有企业的财务审计数据可能涉及国家机密，中国私企尤其是互联网企业的审计数据则可能涉及中国的大数据，都一直被美国监管机构虎视眈眈。所以此前瑞幸咖啡公然造假上市的事件，无形之中给了美国证监会一个很好、很大的口实。可以说美国证监会对企业财务数据有问题等情况非常关注，并早已留有伏笔，时机一到就出狠手，令市场哗然。因此"其身不正"的中概股不仅受惩罚，也连累其他中概股。

　　未来如果美国证监会继续对中概股下手，全球经济困局将很难破解，因为这不仅会严重影响在美国上市的中国公司的利益，也会严重影响全球投资者的利益，还会长期影响中国上市公司乃至相关部门的声誉，同时也将降低国际社会对人民币的信心，拖延人民币国际化进程。

　　要解决上述问题，建议中国有关部门考虑采取以下方式：

　　其一，做好国际投资者的说明工作，尤其是做好主权基金背后的各国政府的工作。

　　有相当多的国际主权基金投资中概股，例如上文提及的全球最大国家主权基金之一的挪威政府退休基金，还有中东国家的主权基金、新加坡的主权基金等。虽然这些国家的主权基金多数委托花旗银行、摩根大通等华尔街出身的美国操盘手或来自伦敦的金融专家等外籍投资兵团代为操作，但管理权仍紧抓在该国政府手中。政府经常要求、引导外籍投资兵团协助购买他国的电信、能源、媒体和银行等关键企业的股票进行策略投资，并通过部分控股这些关键企业，广为运用企业在所在国的政治影响力。主权基金投资就是以海外投资形式执行一个政府的国家战略。

国际投资者对中概股的抛售行为，很有可能是相关主权基金背后的政府主导的战略行为和他们对国际局势的判断结果。因此，建议中国有关部门与相关主权基金背后的政府沟通、协调，了解这些政府真正关切什么，并据此采取更有针对性的措施。

其二，进一步发挥香港的作用，加快中概股回归。

香港作为中国的国际金融中心，凭着"互联互通"及资本自由优势，可在联系东西方资本市场、抵抗"逆全球化"方面扮演关键角色。现在爆发全球金融冷战的概率不高，但在美国上市的中概股始终留有隐患，它们完全退市既不利于中国上市公司的发展，也不利于维护中国企业的国际声誉，甚至会影响中国政府的国际形象。因此，建议在美国的中概股通过以下四种方式，加快回归香港上市。

第一，中概股在美股私有化退市后，再回归香港上市。大股东作为收购方可以寻求私有化融资，或者与有兴趣的私募基金联手出资，通过要约收购、协议安排等方式提出私有化，率先让中概股从美股退市，再安排这些从美股退市的中概股在香港上市。

第二，中概股保留美股上市地位，申请在香港双重主要上市（dual primary listing）。中概股要做到双重主要上市，除了股份在美国及香港的交易所同时挂牌之外，最重要的是同时满足两地对上市公司的各项监管要求。

第三，中概股保留美股上市地位，申请在港二次上市（secondary listing），以此分散风险。

第四，提倡回归香港市场的中概股以人民币计价。这样不但可以解决香港市场的港元、外国货币资金不足的问题，而且还能进一步提升人民币的国际地位。要提升人民币的国际地位，就必须推动全球金融资产更多地使用人民币计价。全球金融资产交易规模已超越商品交易的规模。仅以股市为例，2021 年全球股市规模（市值）高达 120 万亿美元，约是全球贸易额 28.5 万亿美元的 4.2 倍，这还未加计其他金融资产如债券或 ETF（交易型开放式指数基金，或称交易所交易基金，是一种在证券交易所交易、提供投资人参与指数表现的指数基金）等，人民币如果可以成为金融资产计价单位，其效益绝对会更加放大。

此举也能对冲潜在的国际和地缘不确定性。在当前依然存在较大不确定性的国际和地缘局势下，港股通的人民币定价可以在一定程度上对冲或将来袭的外部冲击。例如，针对香港金融体系的外部政策的不确定性，可能会对港元和以港元定价的股票产生冲击，而人民币定价有望在一定程度上起到对冲效果。

而且，在中概股回归香港之际，推动以人民币计价的金融产品发展，既可巩固香港国际金融中心的地位，也能推进人民币国际化，并解决中概股前来香港需要面对的资金不足的问题。

第五，香港特区政府可考虑与中国内地相关政府机构合作新成立一个专门的机构，专门解决中概股来香港上市的技术问题。

例如，按照中国内地监管部门的规定，沪深港通南下的资金，暂时不能购买同股不同权的中概股。因此，香港市场吸引不了更多的中概股回归香港，当然，这些中概股更是回不了中国内地上市。那么，该新设立的半官方机构可研究采取哪些政策可以令部分回归香港的中概股能够获得南下的内地资金投资。

同时，这个专门的机构可推动降低金融机构的各项经营及交易成本，为中概股回港提供支撑，来吸引更多外资机构留在香港投资，而非仅仅靠内地资金购买中概股。过往香港金融业成功之道，在于配套成熟，加上产品多元化及交易成本低廉。为了吸引外资机构留在香港投资，以及吸引更多外资机构前往香港，我们建议未来进一步降低在香港的外资金融机构的经营及交易成本，以让更多外资机构愿意留在香港投资。

此外，我们建议这个专门的机构提出中概股回归香港的相关路线图、时间表。面对将来一波大的中概股回港上市潮，香港特区政府除了在规则上做好准备之外，也须有更好的时间规划。即使上市问题涉及商业秘密不便向公众公开，这个专门的机构也应积极联络这些中概股企业，并与内地各部门进行沟通，尽早了解它们的回流意愿，尽早制定好时间表。同时可让金融界向这个专门的机构反映中概股回归香港的意见，使它成为与监管部门沟通的桥梁，这样更有助于为中概股回归香港提供有利的政策环境。

简而言之，美国证监会尤其是国际投资者对在美上市的中概股"动手"，显示出国际投资者对中国企业未来发展的信心不足，这会降低国际市场对人民币的需求，阻碍人民币国际化进程。对此，有关部门有必要采取各种有效措施，吸引国际投资者继续持有和增持中概股，从而增强国际市场对中国经济和中国货币——人民币的信心。

5. 美联储加息降息反复，各国不得不被动应对

美联储于 2020 年 3 月重启量化宽松政策（quantitative easing，QE）导致货币泛滥、物价高涨，让全球低通胀"三大支柱"（廉价中国制造、廉价俄罗斯能源、廉价移民劳动力）正逐步瓦解，加上俄乌冲突下的全球供应链失效和全球新冠疫情的冲击，2021 年美国通胀超出 2% 的目标水平且不断走高。在此之后，美联储坚守新货币政策框架下的平均通胀目标制，对通胀走高采取了容忍态度，最终导致美国通胀失控，令美联储不得不改变策略，自 2022 年 3 月开始持续且激进加息，以应对持续的高通胀压力。

鉴于 2022 年 10 月美国通胀率环比增长 0.4%，同比增长 7.7%，美联储致力于将通胀率降至 2%。预计美联储的加息行为将在 2023 年大部分时间持续，届时其加息至 4.75% 乃至更高之后，美联储再进入观望期，相机而动等待通胀回落。因此，美联储很有可能到 2023 年年底或 2024 年才会启动降息。

美联储大印钞票后又开始加息，这种反复无常的做法已对新兴经济体造成巨大的冲击。此前在新冠疫情冲击下，美国经济陷入半停顿状态，经济预期急剧走低，令美国企业及民众无力还款的风险难以评估。美联储此前曾祭出降息至零、实施无限量化宽松政策（QE）等大招救急。由于该措施同时又导致美国的通胀持续高涨，美联储近期需要通过持续加息乃至"缩表"（美联储缩减资产负债表的规模）遏制通胀，避免高通胀对美国的经济

带来又一轮的冲击。美联储政策的反复，实属"我只为我，人人为我"，它已为包括中国在内的新兴经济体埋下巨型定时炸弹。

站在美国的角度，美联储大印钞票之后，再通过加息遏制通胀的措施符合自身的利益。大印钞票不但可全力保住濒临倒闭的美国企业，维持失业工人的生计，解除投资者对信贷市场崩盘、市场资金链断裂的忧虑，确保新冠疫情过后美国经济能够"V"形反弹。同时美国通胀形势不容乐观——俄乌冲突及后续制裁措施导致全球大宗商品价格飙升，持续推高美国通胀水平，因此美联储在 2022 年 3 月推出加息措施，以减缓处在 40 年来最高水平的美元通货膨胀。

美联储此举，自然有利于美国自身，但给包括中国在内的新兴经济体也带来以下冲击。

其一，美元滥发令新兴市场更加动荡不安。自新冠疫情在全球爆发之后，在美联储于 2022 年 3 月重启的无限量化宽松政策下，投资者恐慌心理日趋严重，加上市场流动性短缺导致世界各地企业、央行和投资人大肆囤积美元或以美元计价的资产作为担保品，并抛售包括新兴市场在内的其他国家的资产。这不但导致美元融资成本飙升到历史新高，而且也令国际投资者更难戒掉对美元的"药瘾"。

如前所述，在全球经济前景阴霾满布之下，新兴国家如果想获得更多美元或美元资产作为稳定国内经济和货币汇率的外汇储备，就需要向美国出口更多的原材料、家居用品和工业产品。这种不对称的经济合作模式，实质上是将新兴市场国家不断增长的盈余回收，以弥补美国无限量印发钞票的不良后果和不断攀升的赤字。这意味着未来全球越来越多的穷人需要更加努力生产，向美国富人提供更多的消费品、工业产品以获得美元钞票。

其二，美联储加息容易引发新兴经济体爆发金融危机。美联储加息，美元升值，会直接导致新兴国家的货币贬值。虽然一国货币贬值有利于其出口，但是由于充当主要进口市场的欧美国家的经济增长乏力、外需疲弱，因此虽然新兴国家货币贬值，也无助于其提高出口竞争力，反而会导致这些国家的进口价格上涨。而且，美联储加息还令美元更加强势，从而加速资金从新兴市场大举流走，使资金进一步流回美国。这样一来，不但多国货币容易遭受重创，而且也会导致这些国家股市动荡，经济受挫，很容易引发区域范围内的金融危机。

其三，美联储加息加大了新兴经济体的债务风险。2023 年，新兴经济体将面临外债偿还高峰。例如土耳其、阿根廷一年内到期外币债务比例均超过 50%。在美联储加息、全球资金流动性收紧的背景下，新兴市场和发展中经济体偿还美元债务的成本增加，或许会加剧全球特别是新兴市场和发展中经济体的债务风险。自新冠疫情暴发以来，这些经济体的债务规模急剧扩大，其偿债规模在财政收入中的平均占比，从 2010 年的 6.8% 升至 2021 年的 14.3%，已处于前所未有的高位。在美联储的持续加息和"缩表"之下，在全球经济复苏放缓的情况之下，对于外债偿还能力已经极其脆弱的新兴市场和发展中经济体而言，这更是雪上加霜，全球或许会在 2023 年、2024 年出现新一轮债务违约浪潮。

所以，美联储一时实施无限量化宽松政策，一时又搞激进加息——正如一个人如果一时过饱，一时过饿，无疑会引发健康问题——令新兴经济体总是遭受"泡沫与爆破"的循环折磨，体验冰火两重天的痛楚，使其经济出现长期难愈的"内伤"。

同时，美联储的"反复无常"，给美国自身也带来了伤害。美联储大幅度加息带动美元强升，让偏重海外营收的"标准普尔500指数"企业及科技巨头承受巨大压力。美国跨国金融机构高盛集团曾经发布报告称，2021年营收以美国本土为主的企业，获利平均减少15%；而海外营收占比高的企业，获利平均下降24%。这是因为这些跨国企业在海外市场贩售产品或服务，是以当地货币计价，但财务报表显示的营收则要换算成美元。美国科技企业近六成营收来自海外，因此它们受美元强升的影响最大，其中以半导体公司首当其冲。

在此冲击之下，美国各大科技企业纷纷通过裁员以及停止招聘来削减开支，准备"过冬"。例如Meta、Lyft、Stripe和推特等美国知名科技公司纷纷裁员。根据美国人力资源顾问公司Challenger, Gray & Christmas于2022年12月发布的最新报告，美国企业2022年11月加快了裁员步伐，宣布裁员76 835人，月增127%，较2021年同期增长417%。2022年的前11个月，美企宣布计划裁员320 000余人，较2021年同期宣布的数字增加6%，其中约有80 000人来自科技行业。市场预计裁员潮将逐步由美国科技行业蔓延至其他行业，例如华尔街金融公司，从而导致失业率上升；预计2023年美国的失业率将升至4.4%，进而令美国经济进一步陷入困境。国际货币基金组织基于美国经济前景预测，美国2024年及2025年的失业率将进一步升至5%。

对中国而言，美联储加息已给包括中国在内的新兴经济体和发展中经济体的货币体系与金融体系带来冲击，人民币因遭受美联储加息的影响而出现贬值。如果中国能顶住压力，推动人民币发挥"定海神针"的作用，维持汇率的稳定，消除全球金融体系的脆弱和不稳定性，那么将有助于世界各国增强对人民币的信心，提高它们与中国在经济领域合作的兴趣。这不仅有助于进一步推动人民币国际化，也有助于中国与世界各国在"一带一路"倡议的框架下加强经济、金融、货币互换等领域的合作。

如今，美联储多次强势加息，不但严重影响美国民众的生活、工作，而且引发了环球金融市场波动。美联储到底是何方神圣，竟然可以影响全球经济、金融和民生，还能对人民币国际化水平提升带来干扰？

美国《新闻周刊》（*Newsweek*）曾在 1986 年刊登文章指出，美联储主席是美国影响力第二大的人物，仅次于美国总统。

外界或许会认为，美联储无非就是美国的一个政府机构，它相当于美国的中央银行。但实际上，美联储不是一个政府机构，而是一个私人机构。虽然美联储的全称"美国联邦储备委员会"中有"联邦"两个字，但并不能因此当它是政府机构。

"储备"二字让人听起来感觉美联储的资产非常雄厚，但实际上它可能没有太多资产储备；虽然美联储系统有 12 个联邦储备银行，它们散布于美国各州，这种"权力分散"看起来很民主，但实际上美联储背后的决策者是国际金融寡头。

为何美联储负责履行美国中央银行的职责，却不用"中央银行"的名称？原因是在美联储创建的年代，各国的中央银行一直声名狼藉，美国宪法也规定不准成立中央银行。因此，美国金融巨头成立了"美国联邦储备委员会"，实际上，它是用"联邦"的名义来掩饰。

早在 1907 年，美国爆发金融危机，众多银行和信托公司被挤兑，引发大恐慌。因为那时候美国体制之内没有中央银行角色，所以群龙无首，行业风险蔓延，局面岌岌可危。为挽狂澜于既倒，J.P.摩根（John Pierpont Morgan，美国银行家）曾在他的私人书房，紧急召集纽约主要的银行家开会，说服他们协助纽约深陷财困泥沼的银行，以满足全部提款要求。这次可谓老摩根一个人挽救了美国金融业。

为了防止危机历史重演，在银行业者的大力敦促下，在1913 年的圣诞节前夕，美国参议院以 43 票赞同、25 票反对的投票结果通过了《联邦储备法》，时任总统威尔逊（Woodrow Wilson）随即签字生效，美联储正式成立，其旗下有美国各州的 12 家联邦储备银行。

虽然美联储由美国政府批准成立，看起来也和其他政府机构无异，但是，到底谁是美联储的股东，到底谁实际控制美联储一直都是"不能说的秘密"，就连美联储自己经常也是支吾其词。

《美联储的秘密》（*Secrets of Federal Reserve*）一书的作者马林斯（Eustace Mullins）经过近半个世纪的努力，才得到 12 家联邦储备银行的组织机构证书（Organization Certificates），他清楚记录了每家联储银行的股份构成。例如，作为美联储系统的实际控制者，纽约联邦储备银行负责执行美联储影响利率的金融交易、贷款给银行以及偶尔推高或压低美元汇价，其股东中商业银行占大多数，包括花旗银行、摩根大通银行等，总共拥有纽约联邦储备银行 53% 的股份。其他 11 个分布各州的联邦储备银行的股份中，商业银行也同样占了大多数。

美联储纽约银行最初的注册资本金为 1.43 亿美元，上述银行到底是否支付了这些资金至今仍是一个谜。不少研究美联储的历史学家均认为这些银行并未支付现金，而是用支票支付。美联储的运作其实是"以纸张做抵押发行纸张"，并无实际的储备。

由上可见，商业银行表面上居于美联储之下，但实际上它们是美联储的"背后话事人"。负责推动成立美联储的美国参议员奥利奇（Nelson Aldrich）也算比较"坦白"，其曾在他经营的《中立派》杂志的1914年7月版中写道："在《联邦储备法》获得通过之前，纽约的银行家们只能操纵纽约的金融储备。而现在我们却可以操纵整个国家的银行储备了。"

至于商业银行为何要操纵美国整个国家的银行储备系统，那是因为商业银行的背后都隐藏着大财团的身影。例如摩根大通银行、花旗银行是由摩根财团、洛克菲勒财团等大财团控制，这些大财团通过控制商业银行，除了将手伸向美联储影响美国全国的货币政策之外，还借助其所控制的商业银行通过信托、保险来控制大型公司股票，使其能安排代言人入主大型公司的董事会，以影响大型公司的发展策略、分配大型公司的利润等。大财团此种运作方式，令银行资本成功地控制实体经济的工业资本，让财团不但可以成为经济发展的最大受益者，而且使得其影响力甚至超过美国政府。

因此，可以说，美联储无论是加息还是减息，它都有可能是为"背后话事人"商业银行以及背后的各大财团服务，保障商业银行和财团的最大利益。

有不少美国人了解美联储上述内幕。譬如当年签字通过《联邦储备法》的时任美国总统威尔逊，在去世之前发现自己上了银行家的当。他当时内疚地表示："我在无意之中摧毁了我的国家……美国的国家发展和我们所有的经济活动，完全掌握在少数人手中。我们已经陷入最糟糕的统治之下——一种世界上最完全、最彻底的控制。"威尔逊所说的少数人，就是通过美联储控制了货币发行进而控制美国的大财团。虽然威尔逊有此"觉悟"，但"请神容易送神难"，他酿下的苦酒，最终还得让美国人自己喝下去。

在传媒报道上，我们经常可以看见美联储主席被外界公开批评，譬如华尔街有时会嘲笑美联储主席鲍威尔（Jerome Powell）"走在曲线之后"（Behind the curve）。"Behind the curve"是婉转批评鲍威尔跟不上时代步伐，未能捕捉到市场最新趋势的说辞。不但鲍威尔常常遭受"欺凌"，美联储前任主席耶伦、伯南克（2022年诺贝尔经济学奖得主）也经常被华尔街、传媒批评不够资格当主席。

虽然美联储主席常遭"欺凌"，让外界感觉其比较弱势，但在有关货币政策的决策上，美联储主席却很强势，决策过程也较为古板。

美国的货币政策是由美联储的联邦公开市场委员会（Federal Open Market Committee，FOMC）全权负责的，外界一般认为FOMC有19位成员，但实际上只有12名成员有表决权，包括全部7位美联储理事及纽约储备银行总裁，余下4席则由另外11位储备银行总裁每年轮任。虽然FOMC会议对市场产生极大的影响，但会议过程并不激烈，甚少会出现戏剧性的情节。

FOMC的19位成员每年在华盛顿开8次会（分别为每年1月、3月、4月、6月、7月、9月、11月和12月），美联储主席坐在会议桌的中间，另外18位成员分坐两边，椅背上贴有他们的名牌。会议开始后进行以下几大流程。

首先由纽约储备银行市场部负责人汇报金融市场动态，其次由美联储职员制作预测经济表现的蓝绿书（Tealbook），再次由各储备银行总裁逐一回顾其管辖区域的经济情况，并由FOMC会议秘书（货币事务主任）告诉各委员会当天可选择哪些政策措施。这些报告结束后，全体委员讨论美国经济状况，以及美联储该怎么做。最后一个流程，就是美联储主席提出政策建议，并要求委员会表决。

虽然 FOMC 委员分为鹰派和鸽派，但每次 FOMC 对货币政策表决，不但从未出现票数接近的投票结果，而且反对美联储主席建议的委员极少超过 2 人（如果超过 4 人，那么这种情况可视作发生"兵变"了）。

投票现场之所以不会发生公开对抗，这一方面是由于美联储的理事们与主席同处一个办公室，彼此之间有一种团结意识，加上开会前也有沟通、协调，理事们不会轻易、公开反对主席的建议；另一方面则是由于 FOMC 的 12 位储备银行总裁"背后的人"与美联储主席"背后的人"的利益大致一致，都是要维护大财团的利益，因此反对者人数不会太多。对此，前美联储理事迈耶（Laurence Meyer）曾开玩笑称："FOMC 会议室里有两张红色椅子，只有坐红色椅子的人会投反对票。"

"天要下雨，娘要嫁人"。美联储要加息，我们只能随它去。但若能更深入了解美国联邦储备委员会既无"储备"，也非"联邦"，仅是私人银行，虽然它负有对抗通胀、保障就业重任，但它推行政策首要考虑的是保障其背后的商业银行、大财团和美国政府的最大利益，理解了这一点，读者就能进一步理解美联储加息或减息的内在逻辑，以及判断、预测美联储未来再次大幅加息之后其可能进行的后续动作以及实施时间，从而避开其风险和冲击。

6. 美国地缘经济的强盗思维

美国政府和美国国会近年来不顾此前中美贸易磋商达成的共识，继续挑起中美贸易争端，对华挥舞贸易大棒，且施压逼迫人民币升值。除了中国，美国还曾先后对欧盟、加拿大、墨西哥的钢铁和铝制品分别征收 25% 和 10% 的惩罚性关税。美国政府此番挥舞贸易大棒"单挑"全球，先后将贸易"战火"延烧至全世界，与美国的地缘经济新思维有关。

地缘经济是相对于地缘政治的说法。地缘政治实质是美国在通过其强大的军事、政治实力在全球范围内抢地盘、抢资源。然而，在近三十年来，地缘政治未能全如其愿望，尽管美国的军事力量仍保持全球最强，核武器数量也是全球最多。之所以如此，是因为：一方面，随着欧盟、俄罗斯、中国和其他新兴国家的崛起，在国际事务中，美国的影响力和决定作用逐渐减弱，美国现在不会也不可能动用核武器去征服别国，尤其是中国、德国、法国和墨西哥等大国；另一方面，近三十年的经验表明，美国对他国动武，除了受到国际社会的强烈谴责外，实际效果也未能如意，从越南战争到后来的阿富汗战争、伊拉克战争就可见一斑。

尤其是在现今国际秩序已出现新的变化情况下，美国就是想一味恃强凌弱也很难奏效。在新的国际秩序下，伴随众多新兴国家的兴起，出现许多新市场，引发各国竞相争夺国际市场。此外，国家间的对抗，已由过去的政治与军事对抗越来越多地转为现在的经济、货币领域的对抗，越来越多的国家倾向于以区域性的经贸协议取代军事联盟，越来越多的国家选择通过贸易、金融、大宗商品价格和货币汇率等手段来打击敌对国家，以消耗对方的经济基础和政治基础。越来越多的国家相信要制裁他国，逼他国让步乃至屈服，通过经济制裁、贸易制裁等手段，比军事打击更有力、更有效。简而言之，地缘经济实质就是抢夺市场、占领市场，谁拥有国际市场，谁就能主导世界新秩序。

对于美国现任总统拜登而言，他从政数十年，对地缘经济的模式非常熟悉，因此自出任总统以来，他就将地缘经济的"套路"玩得登峰造极。以中美贸易争端为例，依照拜登的地缘经济新思维，他或许会认为，国际贸易市场、国际金融市场在仍由美国主导、仍被美国霸占的情况下，即使中美贸易争端发生，处于劣势的中国都会尽量将争端保持在小规模状态。尤其是美国制裁分阶段进行，这让中美双方还有谈判空间，并且拜登相信中国在谈判过程中愿意继续让利的可能性很大。

拜登这种不断折腾全球的贸易、经济和金融市场的地缘经济新思维，一度还刺激美股上涨、降低美国失业率并间接助力美国经济增长。因此，拜登若要在2024年第二个总统任期竞选成功，必然会坚持其地缘经济新思维，不断折腾全球贸易、金融和经济，从而达到推动美股高涨从而带来正财富效应的效果，进一步讨好选民。他的这种做法见效，是因为每当国际贸易市场、国际金融市场出现动荡，美股、美债这类美元资产通常是国际投资人首先想到的避险资产。由于投资美国股市需要用美元，这必然造成美元的需求不断增加，美元指数上涨，美元的强势又会进一步增强投资者对美国股市上涨的信心，吸引国外的资本更多流向美国股市，从而推动美国股市持续上涨。

在就业市场方面，出于避险的考虑和拜登推出的减税政策影响，有越来越多资金、企业回美或赴美投资，这给美国带来众多新的就业机会。

拜登不断折腾全球贸易和经济的地缘经济新思维，必然会对中国的经济、人民币国际化带来新的冲击。对此，一方面，中国需要适应拜登今后不断在贸易、金融、人民币汇率、高科技等领域对中国"找碴儿"乃至对全球各国"找碴儿"从而令争端不断的新常态；另一方面，中国也要清醒认识到，地缘经济新秩序下，中美两国的关系已由过去的合作中竞争变成未来的竞争中合作。中国未来的应对之策，除了继续推进中国式现代化，继续发展高科技掌握核心技术、打响"卡脖子"技术攻坚战之外，还应该在"一带一路"高质量发展新征程中，与"一带一路"沿线国家加强经贸合作，与更多"一带一路"沿线国家签订双边本币互换协议（截至 2022 年 10 月，中国人民银行累计与 40 个国家和地区的中央银行或货币当局签署过双边本币互换协议），以继续提升人民币在国际上的影响力、减弱美国持续操弄地缘经济所带来的影响。

7. 中美贸易争端引发人民币汇率波动

美国驻华大使悬缺近一年半，2022 年 4 月，伯恩斯（Nicholas Burns）抵达北京履新。伯恩斯于 2022 年 4 月 2 日向中国外交部递交了国书副本，并于同年 10 月 28 日与时任国务委员兼外长王毅首次会晤。通过大数据、人工智能模型分析，并结合笔者及科研团队在多个交叉学科的专业经验、见解和独家核心算法，我们发现作为新时代中美关系下的关键人物，伯恩斯未来极有可能在贸易、技术、新冠疫情、投资和金融等十个领域持续向中国施压，未来中美贸易争端仍将持续且占据最重要位置。这无疑将令人民币汇率持续处于剧烈波动状态，对于出口导向型的中国经济来说，人民币汇率的变动将会直接影响中国的经济发展速度和国际贸易收支情况，同时也会对人民币国际化带来冲击。

笔者及科研团队还发现，能够对伯恩斯处理中美关系产生影响的，除了上述内容外，还包括文化教育与体育等。中国相关部门未来若能通过伯恩斯向美国最高层转达改善目前中美关系的信息、实事求是地表达中美双方的分歧和未来合作的愿望，或将有利于推动中美关系向前发展。事实上，人民币国际化已经是近年美国驻华大使都关注的议题。更多了解这个新任驻华大使，也有利于我们评估这个因素对人民币国际化的影响程度。

伯恩斯初来乍到，中国民众对他持正面态度的人数比例仅约为 25%，为过去 27 年来历任美国驻华大使中获正面态度比例最低的大使。虽然美国驻华大使自 1995 年起均由国会议员、州长或部长等政治人物担任，如布兰斯塔德（Terry Branstad）赴任前是艾奥瓦州州长、骆家辉为商务部长，但美国对驻华大使的选择在不同时期有不同的标准。例如在中美建交初期，中美之间既缺乏互信也不了解，各类问题、冲突复杂且危险，亟须经验丰富的职业外交官出任驻华大使。尤其是两国还在互设联络处的时代，首任驻华联络处主任布鲁斯（David Bruce）曾先后任驻联邦德国、法国和英国大使，他是当时美国资历和地位最高的职业外交官。

伯恩斯外交"段位"不亚于当年的布鲁斯。伯恩斯是哈佛大学外交及国际政治学教授，曾任副国务卿、国务院发言人、美国驻希腊大使、驻北约大使等。时隔27年，拜登政府重新任命一名资深职业外交官出使中国，一方面是因为伯恩斯与美国总统拜登关系密切，不仅出任过拜登竞选团队的外交政策顾问，还与国务卿布林肯紧密共事多年，能代表拜登政府意志并在两国高层领导人之间及时传递信息。另一方面则是因为在新时代结构性竞争的中美关系下，作为职业外交官的领袖之一，伯恩斯可以如布鲁斯一样，通过更清晰的外交信号、更专业的外交方式，妥善处理中美冲突，成为影响中美关系的关键人物。

目前，尽管美国两党分歧和斗争愈发明显，但在对华问题上却基本达成强硬态度的共识。这造成拜登上任以来中美关系在特朗普政府"极限施压"政策的基础上并未有显著变化。作为深谙政治的老牌政治人物，拜登政府提出了"竞争、合作、对抗"的中美关系预想。

笔者及科研团队通过大数据、人工智能模型分析，以及各交叉学科的研究、协作，预测伯恩斯在驻华大使任上将在十个领域持续向中国施压。

　　除了在传统的台海问题、南海问题上美国将继续集结盟友采取策略性"远交近攻",以及北约、美英加澳新"五眼联盟"、美澳日印"四国集团"、西方"七国集团"等外部力量在各种可能的场合实现对中国的攻击、牵制和打压之外,未来中美贸易争端仍将持续且占据最重要位置。中美之间的科技和产业链"脱钩"也将不断深入,拜登政府依靠商务部"实体名单"等多种制裁、打压机制,以及限制中国民众赴美的商务旅游签证、留学签证等,对诸多中国科技企业、教育机构、科研机构和金融机构实施打击,希望在芯片、超算、航空航天、金融和文化教育领域等进一步促成"中美脱钩"。而其依靠增加基础设施投资的美国新基建计划,也显示出美国未来在减少对中国制造业依赖、转移中国产业链和供应链的决心。

　　在 2022 年 11 月美国国会进行的中期选举中,共和党赢得控制众议院所需的 218 席,美国总统拜登领导的民主党输掉了众议院控制权,受府院之争掣肘,拜登要向连任总统发力,那么未来两年他多半会更多聚焦在外交议题上。他很有可能会以强硬对华政策谋求更大支持,身处中国第一线的伯恩斯将扮演更加强硬的角色,或将令中美关系未来走向存在较多负面因素,甚至导致冲突局面。

　　携带多张"任务清单"赴华的伯恩斯,随即遭到了相当多的舆论抨击。笔者及科研团队通过人工智能情绪分析模型,研究伯恩斯自 2021 年 8 月被提名美国驻华大使以来舆论对伯恩斯的态度,发现中国舆论对伯恩斯持正面态度的仅为 25%、持负面态度的高达 35%,正面态度低于前任美国驻华大使布兰斯塔德(28%)、骆家辉(30%)等,同时负面态度却高于布兰斯塔德(30%)、骆家辉(27%)等。

深入分析中国内地网民对伯恩斯的负面态度，我们发现有 36.8% 的网民表示对其造谣、抹黑我国新疆和我国台湾等行为非常反感，有 29.9% 的网民则认为伯恩斯对中国的态度比上一任驻华大使更加不友好，在当前中美紧张关系下谁来当美国驻华大使都一样。总之，伯恩斯已成为自 1995 年以来 8 任美国驻华大使中获得中国内地舆论最低正面态度评价的一任美国驻华大使。

此外，美国驻香港及澳门总领事馆是美国仅有具备大使馆地位、隶属美国国务院而不隶属美国驻华大使馆的可独立行使职权的总领事馆，但作为美国驻华大使伯恩斯仍然对香港问题提出评论，有越俎代庖之感。这令香港网民对其持负面态度的占比高达 33%，正面态度则低至 26%。因此他同样是自 1995 年以来 8 任美国驻华大使中，获得香港网民最低正面态度评价的一任美国驻华大使。

除了通过独家核心算法分析伯恩斯之外，笔者及科研团队还使用更多量化分析、人工智能分析模型并基于对伯恩斯本人就职历程等的综合考量，研究伯恩斯在社交媒体上的"朋友圈"、关系网，发现除了美国总统、国务卿以及美国政府高官、政府部门等可对伯恩斯施加影响之外，还有不少朋友圈、关系网也有可能对伯恩斯在处理中美关系时产生影响。

通过由以上模型得出的排名结果分析伯恩斯朋友圈、关系网之后，笔者及科研团队考虑到伯恩斯曾在美国联邦政府任职 27 年，现又担任美驻华大使一职（显然，伯恩斯与拜登、奥巴马等历届民主党总统及政府高官有较为密切的政治和个人关系），在分析中省略了对美国政府高官、政府部门相关机构的账号的单独阐述。依据伯恩斯朋友圈的排名，我们挑选了 5 个包括大学、智库机构、学者、记者、爱好者等在内的具有独特性的机构、个人作为关键对象进行分析。

(1) 阿斯彭战略集团（Aspen Strategy Group，ASG）

通过分析伯恩斯社交媒体上的朋友圈排名，我们发现伯恩斯对 ASG 及其每年召开的阿斯彭安全论坛尤为关注，影响力排名分别位于第三和第五。为什么伯恩斯对阿斯彭智库的关注度如此之高？原来，他从政府退休后，就在阿斯彭战略集团和安全论坛工作。在出任美国驻华大使之前，担任 ASG 的执行董事。而且，根据美国白宫的声明，伯恩斯任职阿斯彭战略集团时，还曾与中共中央党校合作，举办过相关对话。

ASG 始于 1971 年，使命是召集现任和前任美国政府高级官员、学者、记者以及商界领袖，为他们提供一个无党派论坛，以探讨国家面临的重大安全问题和外交政策。ASG 致力于用跨学科的知识和高水平的研究为美国和全球新兴主体的战略制定提供解决方案。ASG 的主要活动包括每年度举办的夏季研讨会，与巴西、中国、欧洲和印度进行的双轨外交，以及阿斯彭安全论坛。

(2) 哈佛大学肯尼迪政府学院贝尔弗中心的"未来外交"项目

哈佛大学肯尼迪政府学院贝尔弗科学与国际事务中心（简称"贝尔弗中心"），肩负着推进有关国际安全、科学、技术、环境政策等关键议题，以及为这些领域的未来几代领导人做好知识储备的双重使命。该中心曾在防止核战争和恐怖主义、减少严重气候破坏的威胁中发挥重要作用，连续六年成为世界排名第一的大学附属智库。"未来外交"项目则是贝尔弗中心下设的一个致力于研究当今国际政治中的外交、谈判和治国之道的项目。

伯恩斯是哈佛大学肯尼迪政府学院的外交和国际关系教授，以及"未来外交"项目的开创者，他的朋友圈自然少不了哈佛大学肯尼迪政府学院、贝尔弗中心以及"未来外交"项目这三位"朋友"的身影。哈佛大学肯尼迪政府学院在伯恩斯朋友圈的影响力排名达到了第六位，贝尔弗中心排名第七位，而他开创的"未来外交"项目更是排在了第四位。

我们在分析中发现，虽然伯恩斯并非以"中国通"闻名，但他在担任哈佛大学教授期间，也曾就中美关系问题进行授课以及写作。由此可见，他对中国的了解程度应该不浅，他尤其可能推动中美在文化教育领域的合作。

（3）大卫·伊格内修斯（David Ignatius）

伯恩斯的朋友圈影响力排名第十三位的是大卫·伊格内修斯，他们两人曾是同事关系。伊格内修斯曾是哈佛大学肯尼迪政府学院的兼职讲师，现任"未来外交"项目的高级研究员，而伯恩斯正是"未来外交"项目的开创者。其工作以及对外交领域国际事务的见解会有交集。

伊格内修斯是美国记者、小说家，担任《华盛顿邮报》的副主编和专栏作家。他曾公开发表评论文章指出，特朗普鼓吹"中国威胁""中美脱钩"等言论，这样一味激进地破坏中美关系，只会适得其反。中国和美国就像双胞胎一样，彼此需要，仓促分离对彼此都有伤害。与此同时，他也指出美国对当今的中国并不存在任何的军事优势。

不过，他对中国的科技企业实力的认知和评价较低。例如他认为华为公司是一家效率低下的生产商，而且5G技术会很快被美国、日本等研发的新技术替代。

（4）达蒙·威尔逊（Damon Wilson）

达蒙·威尔逊在伯恩斯的朋友圈影响力排在第十九位。同为美国外交专家的伯恩斯和威尔逊，在工作经历上颇有共通之处。伯恩斯和威尔逊都和北约方面有着不同寻常的关系，伯恩斯曾是北约组织的美国常驻代表，而威尔逊曾担任大西洋理事会的副主席。更值得一提的是，威尔逊以前有过在国务院"中国事务部"以及美国驻北京大使馆工作的经历，对中国有着更深刻、直观的了解，他的一些观点和动作或许会对伯恩斯产生一定的影响。

过去二十多年来，威尔逊帮助制定了美国在北约和美欧关系方面的战略及国家安全政策。不过威尔逊常年将俄罗斯和中国视为"21世纪的主要地缘政治挑战者"，他主张加强民主联盟以应对安全挑战，并声称"如果没有强大的北约，就不可能有成功的战略来对抗普京"。

（5）Red Sox（波士顿红袜队）

"波士顿红袜"是一支位于波士顿的职业棒球队，隶属美国职业棒球大联盟的美国联盟东区，在球队110年的历史上共拿过7次"世界大赛"冠军。伯恩斯是波士顿红袜队的超级粉丝，他也是新英格兰爱国者队（New England Patriots，NEP）的超级粉丝之一。伯恩斯时常会在赛后抒发一些对比赛的看法和情绪；作为体育迷，除对NEP和红袜队的热忱之外，他也会关注篮球、足球、网球等体育项目，并常在社交媒体中发表一些观点。

美国总统拜登上台以来一直主张与中国在地缘政治、经贸和科技领域进行绝对竞争乃至对抗，但实际上，中美关系也在局部出现缓和、对话的迹象，例如美国在气候治理、朝鲜问题、阿富汗局势、俄罗斯和乌克兰危机等议题上希望与中国合作，加上中国政府希望中美关系早日重回正轨，都显示美国在部分领域或将真正把中国当作发展进程中的伙伴，而不是权力游戏中的敌人。

参考中美两国态度、最新形势，并结合上述对伯恩斯有关"伯恩斯将向中国持续施压的十大领域""情绪分析模型下中国内地舆论、香港舆论对伯恩斯的态度""可影响伯恩斯的前 20 位朋友圈成员和关系网"的研究和分析，我们认为中国未来可有针对性地采用多个举措，进一步与作为中美关系关键人物的伯恩斯进行深入交流和沟通，将有利于推进中美关系发展，客观上也有利于人民币国际化。

例如，中国相关部门未来可以通过伯恩斯向美方转达改善关系的信息，中国的学术机构和高校也可邀请伯恩斯前往讲学，真诚交换意见，使他感受到中国的友好和诚意，同时中国有关方面可以向他诚恳地表达中美双方的分歧与合作方向等。我们认为，虽然美国不会改变其对华的既定政策，但与中国交恶恐不会持久。我们始终相信，中美双方合则两利，斗则俱伤，我们衷心希望伯恩斯在担任美国驻华大使期间，能为中美关系改善做出努力。毕竟，"地球足够大，容得下中美各自和共同发展"！

8. 中美博弈与冲突，双方均受损失

人民币国际化的实现，从根本上来说取决于中国综合国力以及国际政治领导力的提升。因此，人民币国际化步伐加快必然会影响美元的国际货币地位，进而影响中美贸易收支，最后影响美国的国际政治影响力。相应地，中美关系的好坏也将直接影响人民币国际化的进程。随着 2021 年 1 月拜登上台担任总统，经济体量排名全球前两位的美国和中国的未来关系将如何改变，受到世界各国的广泛关注。笔者通过分析以下五组数字发现，各国要走出发展困境比如新冠疫情泥沼，需要将中国作为合作伙伴，而非奉美国为全球领导。美国未来对外的目光将聚焦中国，中国的视野则是放眼全球。接下来，将重点为读者分析五组数据。

第一组：3 169 亿美元、1.2 万亿美元

特朗普在任美国总统期间挑起了与中国的贸易争端，希望减少对华贸易赤字、迫使美企撤出中国。但数据显示，中国 2020 年对美贸易顺差反而上升 7.1%，达到 3 169 亿美元，这个数据与 2017 年特朗普上任美国总统时的 2 658 亿美元相比，还增加了约 19.2%。

高盛、摩根史丹利、贝莱德等美国金融巨头，普遍善用中国最新金融开放法规，在过去两年它们争相进入中国金融市场获取开放红利。截至 2022 年年底，美国投资者持有的中国实体发行的股票和债券的价值共计约 1.2 万亿美元，这个数字是美国财政部官方数据所显示水平的 5 倍。

若中美贸易争端持续，双方无疑将蒙受更大的损失。如何破局，这必将是拜登在总统任内的一个重大挑战。

第二组：9.03 美元、1.9 万亿美元

拜登政府在国内也面临着重重挑战，其中振兴美国经济、提高美国民众收入是其内政的重点。美国中产阶级 40 年前的平均时薪收入是 9.17 美元，截至 2022 年 1 月这个数据则为 9.03 美元，整整 40 年来，平均时薪收入不增反减。美国中产阶级约占美国总人口的一半，他们决定着美国选举的走向，拜登若不能尽快提高中产阶级收入、不能令经济重现动力，那么"特朗普主义"很有可能卷土重来。美国前总统特朗普的影响力很强，这突出体现在 2022 年 11 月的美国国会期中选举期间，并且他已在该月宣布会"再战江湖"，参加 2024 年总统大选。

因此，美国的国家政府债务虽然在 2022 年 11 月已高达 31.41 万亿美元，创下历史新高，但拜登政府仍通过了新一轮高达 1.9 万亿美元的纾困法案，试图以短期救济、对中产阶级和底层民众减税、增加基建促就业等一揽子政策，恢复美国经济动力，为自己赢得选票。

尽管平息中美贸易争端有利于美国经济增长，但拜登政府仍表示会以"战略忍耐"（strategic patience）的姿态与中国政府接触。纵使债台高筑，拜登也要继续遏制中国。从短期来看，在贸易、科技等方面他很有可能会延续特朗普的对华禁售、制裁政策，在南海等问题上继续对华施压。

第三组：-5.7%、1.5 万列

虽然拜登政府希望尽快消除新冠疫情对经济的影响，恢复美国国内经济动力，让美国领导世界走出困境，但如今的世界恐怕已不愿等待，如今的世界也等不起美国不确定的恢复和领导。

欧盟国家已表现出"不愿等"的态度。有关数据显示，因为新冠疫情，2020 年欧盟的 GDP 增长率为－5.7%，并且到 2023 年底其增长都无法回到新冠疫情暴发前的水准。对欧盟来说，重振经济是燃眉之急，中国庞大的市场已成为欧盟的救命稻草。因此，虽然拜登上任后不断强调要联合西方盟友对抗中国，但欧盟依然不顾美国的反对，不仅已在 2020 年年底与中国完成了《中欧全面投资协定》（Comprehensive Agreement on Investment Between the EU and China，CAI）的谈判，其领导人欧盟理事会主席米歇尔（Charles Michel）还于 2022 年 12 月 1 日访问北京，与中国领导人会面。

这一系列事件表明，在中美竞争日益激烈的情况下，欧盟试图重新定义其与中国的关系。2022 年 11 月以来，欧盟一些成员国表示它们正认真地重新评估自己与中国的关系，而这个评估不一定是从美国的角度来进行。务实的欧盟领导层知道，美国是世界最大的经济体，自己保持与美国的关系虽然至关重要，但是他们也认为，与正在努力奋斗推进中国式现代化的中国建立良好的关系，也是必要的，而且加强与中国的合作伙伴关系，不仅能够推动欧盟的经贸及投资发展，还能巩固欧盟在整个欧洲的政治、经济和安全地位，从而牢牢地掌握未来欧洲的经济发展命脉。

日本、韩国、澳大利亚、新西兰和东盟十国与中国签订的《区域全面经济伙伴关系协定》（Regional Comprehensive Economic Partnership，RCEP），也显示出这些国家都"等不起"美国的重振和领导。中国率先走出新冠疫情阴霾，成为全球商品供应链的中坚力量，全球区域经济则更趋依赖中国。而且，"区域全面经济伙伴关系协定"组织作为全球最大的区域经贸组织，占据全球 30% 的 GDP 与贸易量。在区域内建立更加全面的合作伙伴关系，已成为亚太地区摆脱美国的单边主义、走向融合、平稳发展的一个契机。

"一带一路"沿线国家同样"等不起"。2020 年以来的新冠疫情，造成世界范围内大面积停航、断航，使得全球经济和供应链遭受严重影响，在这样的情况下，2021 年，中欧班列延续良好发展态势，全年开行 1.5 万列，运送货物 146 万标箱，货值 749 亿美元，实现逆势大幅增长，中国以稳定、可靠、高效的物流服务，有力地保障了亚欧供应链的畅通。中欧班列以其安全快捷、成本较低、受自然环境影响小等优势，成为欧洲与中亚、东亚、东南亚的海陆联运通道网络，保障了国际物流供应链畅通。

第四组：110 万亿元人民币、28 人

2021 年，我国国内生产总值比 2020 年增长 8.1%，两年平均增长 5.1%，经济增速在全球主要经济体中名列前茅。2021 年我国经济总量达 114.92 万亿元，突破 110 万亿元，按年平均汇率折算，达 17.7 万亿美元，稳居世界第二，占全球经济的比重超过 18%。这些数字意味着中国经济实力、科技实力、综合国力又跃上一个新的台阶，中国未来将更有实力和能力加强与世界各国的合作。未来中国可能将进一步推进中日韩自贸协定谈判，推动与海湾阿拉伯国家合作委员会、以色列、挪威等自贸谈判进程，并积极考虑加入"全面与进步跨太平洋伙伴关系协定"（Comprehensive and Progressive Agreement for Trans-Pacific Partnership，CPTPP）等。

这一系列的动作，意味着对中国而言，其眼光早已不只是放在美国，而是全世界。不难预料，拜登政府未来想要再领导世界各国、想要重回"天下围（困）中（国）"的策略，恐怕会遭受中国合作伙伴更大的阻力。而且，中国也不会坐等美国恢复元气之后再继续制裁、"经济孤立"自己。事实上，中国已开始了对等反制。

首先，针对美国以《中华人民共和国香港特别行政区维护国家安全法》为由制裁中国多名内地和香港官员的行为，中国外交部宣布对美国前国务卿蓬佩奥等 28 名官员实施制裁，并特别规定被制裁人员及其家属不允许与中国有相关生意往来。中国外交部此举原因有三：一是对近年美政客干扰香港事务、不断进行制裁的对等反制，让他们为中美关系恶化负责和担责；二是中国外交部的制裁，更能让现任的美国官员在制定对华政策时顾及他们这类政府工作的后果；三是中国外交部也借此对英国、澳大利亚、加拿大和中国台湾等国家和地区的部分反华政客，发出一个清晰信号，如果他们继续跟随美国为非作歹，那么他们最终也会受到中国的制裁。

其次，针对美国对中国企业的一连串制裁和封杀，中国商务部颁布实施了《阻断外国法律与措施不当域外适用办法》。此举意味着如果中美双方都在制裁问题上互不相让，不少跨国企业将不可避免地触犯其中一国的法律。在这种情况下，如果企业执行美国禁令，那么它将会受到中国的法律惩罚；反之则会被美国惩罚。换言之，跨国企业必须在中、美两国之间选择其中一边，那时，中美经济实力将成为决定企业如何抉择的关键。

最后，如果美国未来继续在经济、科技与金融领域制裁中国，中国或许也会要求中资机构减持其拥有的美资股份，同时禁止对华有敌视态度的美资企业和与美国军方有密切关系的公司进行中资股份买卖。

第五组：472.58 亿元人民币、1 630 亿美元

中美在制裁与反制裁中，也并非没有合作的空间。除了两国

极有可能在气候变化、防疫、公共卫生和军控等一些重要的全球挑战上寻求合作之外，中国庞大的电影市场也很有潜力为中美未来的合作提供一个新平台。

中国有功夫，中国有熊猫，但只有美国才有《功夫熊猫》。中美电影业早在 2012 年就已经展开合作。当时作为副总统的拜登曾参与《中美电影协议》的谈判和签订，后来因特朗普政府挑起对中国的贸易争端，该协议的履行受到影响。中国电影票房在 2020 年首度超越美国，中国以 202 亿元人民币晋升为全球最大的电影市场。国家电影局 2022 年 1 月 1 日发布的数据显示，2021 年我国电影总票房高达 472.58 亿元，其中国产电影票房为 399.27 亿元，约占总票房的 84.49%；全年新增银幕 6 667 块，银幕总数达到 82 248 块，全年总票房和银幕总数继续保持全球第一。

上述数据均反映出中国电影产业成长迅速。美国如果能与中国在电影产业领域进行合作，其不仅可以抓住中国潜力巨大的电影市场，还能吸引中国资金的投资，从而挽救美国传统影院于危亡。

当然，中国可以开放的不只是电影市场。中国政府正在持续开放金融与汽车等庞大的市场，在不断放宽外资准入领域。联合国最新数据显示，中国的外国直接投资（Foreign Direct Investment，FDI）早在 2020 年就已增加 4%，增长至 1 630 亿美元，创下 1983 年有纪录以来新高，而且这个数据已超越美国，中国晋升为全球最大的外资流入国。2021 年中国的 FDI 更是高达 1 734.8 亿美元，比 2020 年增长 20.2%，再创历史新高。

在各行各业，美国的企业几乎都回避不了中国市场。拜登政府若能中止对华的脱钩与断供，恢复双方的合作，让美国企业能够继续投资中国，它们就可以与出色的中国企业互相借鉴、交流和促进，乃至向中国企业学习，以分享中国稳步发展的红利。

作为世界最大经济体，并且在金融、军事与科技上拥有巨大优势的美国，在拜登政府的领导下，未来到底会把世界推向分裂、对抗还是让世界走向和平、发展？就让我们做最坏的打算，期待最好的未来！

9. 人民币在东盟国家广泛流通的挑战

自 2022 年 11 月 10 日起，东盟峰会、二十国集团（Group of 20，G20）峰会和亚太经济合作组织（Asia-Pacific Economic Co-operation，APEC）峰会三个大型地区及国际会议，接连在柬埔寨首都金边、印度尼西亚的巴厘岛和泰国首都曼谷举行，包括中国国家主席习近平在内的世界各国领导人从四面八方纷至沓来，引发了全球各国对举办峰会的东盟国家的关注。虽然中国近年来加大对东盟国家的投资，人民币过去十年在东盟国家的跨境使用进展显著，但让人意外的是，不少东盟国家仍出现高度美元化的惯性，这会加大人民币在与美元化国家交易中使用的难度，影响人民币国际化的进程，并且东盟国家未来与中国的合作也将继续受到美国的影响。

对此，中国未来要加大与东盟国家的合作。要减少美国对东盟国家使用人民币的影响，则需要采取多个措施，尤其是要在高度美元化的东盟国家提高人民币的使用量。在人民币不仅要面对当地货币的挑战还要面对美元的挑战的情况下，应该以"组合拳"方式迎接挑战，进一步推动人民币在东盟国家广泛流通。

《2022 年人民币东盟国家使用报告》显示，人民币在东盟国家的使用逆势上扬，2021 年中国-东盟跨境人民币结算量达 4.8 万亿元，同比增长 16%，10 年（2011—2021）增长近 20 倍。截至 2021 年末，中国分别与越南、印度尼西亚、柬埔寨签订了双边本币结算协议；与印度尼西亚、马来西亚、新加坡、泰国等签订了货币互换协议。2021 年，16 家新增东盟金融机构成为人民币跨境支付系统（Cross-Border Interbank Payment System，CIPS）间接参与者，CIPS 全年处理中国-东盟跨境人民币业务 3.3 万亿元，同比增长 50%以上。

虽然不少东盟国家由于美联储一时加息一时减息的反复无常而采取去美元化举措，但东盟国家仍有高度美元化的惯性。例如，据亚洲开发银行的数据统计，2015—2020 年，东盟大多数大型新兴市场经济体 80%～90%的出口以美元结算。又如，根据柬埔寨国家银行 2022 年发布的报告，2021 年柬埔寨美元化程度仍达 80%以上，美元在柬埔寨银行体系中的存款和贷款比例都高达 90%左右。

那么什么是美元化？为何很多东盟国家高度美元化？

公开的资料显示，美元化是指一国居民在其资产中持有相当大一部分外币资产（主要是美元），美元大量进入流通领域，具备货币的全部或部分职能，并具有逐步取代本国货币而成为该国经济活动的主要媒介的趋势，美元化实质上是一种狭义或程度较深的货币替代现象。世界银行认为美元化有三个层次：第一个层次是美元在市场流通中发挥货币职能，居民将美元作为储藏货币，即货币和资产美元化；第二个层次是美元债务增加，即债务美元化；第三个层次是放弃本币，美元成为法偿货币，即完全美元化。第一个层次实际上是民间美元化，第三个层次实际上是官方美元化。

当前很多东盟国家高度美元化的原因，主要有以下三个。

第一是习惯成自然。大多数东盟国家的企业、民众过去数十年形成了使用美元进行结算、储蓄的习惯，从而影响他们的主观偏好。他们只要手中有现金，大多想要换成美元，进而令美元需求增加，社会形成了美元化惯性。

第二是东盟国家内部之间的贸易多数采用美元结算。东盟国家之间的贸易往来，多数使用美元作为贸易计价和结算货币，这无形之中加大了东盟各国对美元的需求。需求越强盛，美元化惯性越大。

第三是外商对东盟国家的投资货币以美元为主。美国目前是东盟国家大型外商直接投资的来源地。2020 年美国对东盟的外商直接投资总额达 347 亿美元，2021 年则达到了 400 亿美元，其中银行和金融业以及电子、生物医学和制药等实体产业的投资显著增加。2020 年中国对东盟国家的直接投资为 143.6 亿美元，2021 年则为 197.3 亿美元。这些对东盟国家的外商直接投资货币基本以美元计价，这既为东盟国家美元化提供了保证，也延续了东盟国家的美元化惯性。

高度美元化的国家，往往受美国的影响较大。因此，未来中国若要增强对东盟国家的影响，需要进一步加大人民币在东盟国家的流通范围，让东盟国家愿意更多地使用人民币计价、使用人民币结算。

将美元化习惯转变为人民币化习惯还有比较漫长的路要走。对此，笔者有如下三个建议。

其一，针对东盟国家"习惯成自然"的问题，中国可先考虑借助东盟国家华人、华侨的力量，推动他们首先大量使用人民币。东盟国家的华人、华侨虽然在该国经济方面的影响大，甚至占有主导地位，但其在政治上的地位相对较低，因此他们普遍成立商会、协会和同乡会，以加强团结、壮大自身力量。中国对外有关部门可以考虑对相关商会、协会和同乡会进行调研，了解这些华人、华侨对人民币的需求情况，以及他们使用和增持人民币的难点、痛点，以此制定有针对性的政策，改变他们使用美元的惯性。

其二，针对东盟国家内部之间的贸易结算多数采用美元的情况，中国可考虑维护人民币币值长期稳定，增强东盟国家对人民币的信心，以形成稳定的预期，提高东盟国家对人民币的需求强度，让东盟国家更多地使用人民币，让人民币成为东盟国家交易的载体货币和区域网络货币。

其三，针对美国直接投资东盟国家使用的是美元的情况，我们建议中央政府大力鼓励中国企业直接使用人民币对东盟国家进行投资，并保障人民币有完善的循环渠道，同时在香港开发更多以人民币计价的金融投资产品，从而增强人民币对东盟国家的吸引力。

第二章

人民币国际化的机遇：
"一带一路"新征程助力

在如今的全球金融市场上，越来越频发的金融动荡和危机，暴露出当前全球金融体系在金融监督和管理等方面的弱点。

在"一带一路"新征程中，中国将与各国一道，建立一个更加公平、开放、透明的"一带一路"国际金融新治理体系，通过中国与多国的人民币互换协议，增强中国金融和人民币在国际金融体系治理中的话语权、影响力，从而加强金融体系的国际协作和全球金融安全管理。这不仅满足"一带一路"新征程下的全球金融发展、治理的新要求，还为加快人民币国际化进程带来更多机遇。

1. 与"一带一路"沿线国家的数字贸易前景广阔

近年来，全球数字贸易发展迅速，已成为传统经济增长模式转型的重要驱动力。未来中国若要将数字贸易作为促进经济增长的新引擎并且加强数字贸易国际合作，需要应对监管挑战、人力资源和核心技术挑战、关税挑战、跨国数据保护和法律挑战，并进一步参与推动制定数字贸易国际新规则，通过数字贸易实施更大范围、更多领域和更深层次的对外开放，从而加强与包括"一带一路"沿线国家在内的世界各国的数字贸易，并在数字贸易中扩大数字人民币作为支付货币、结算货币的范围。这不仅能进一步推进数字人民币国际化，还能促进中国与"一带一路"沿线国家的数字贸易往来，为世界经济增长注入新的动力。

全球数字贸易通过大数据、云计算、人工智能等新的科技手段，利用国际电子支付与结算等数字金融工具迈出了高速发展的步伐。加之新冠疫情导致跨境出行受限，大量面对面的传统服务贸易转到线上，数字贸易逆势增长。它不仅引起了全球经济的根本性变革，也令全球经济活动重心从货物贸易、服务贸易转向数字贸易。

面对国际贸易发展新趋势，近年来，中国也加快了数字贸易领域的发展进程。《数字贸易发展与合作报告》数据显示，中国数字服务贸易规模在2020年已高达2 947.6亿美元，不仅占服务贸易总额的44.5%，年平均增长率更达6.7%，高于同期服务贸易和货物贸易的增长速度。商务部还预测，到 2025 年，中国可数字化的服务贸易进出口总额将超过 4 000 亿美元，占服务贸易总额的比重可达 50% 左右。

为抓住数字贸易的新机遇，带动中国传统产业加快实现数字化转型，同时进一步推动中国数字领域新兴产业加快融入全球产业体系，以及进一步推动人民币国际化，中国政府高度重视数字经贸国际合作。中国不仅已宣布申请加入《数字经济伙伴关系协定》（Digital Economy Partnership Agreement，DEPA）及其他相关国际经贸协定，还计划在"十四五"时期推进数字服务出口基地建设和打造数字贸易示范区等，以加强和"一带一路"沿线国家的合作，并助力中国的数字贸易发展乃至世界各国的数字贸易发展。

然而，"一带一路"沿线国家大多属于经济较为落后的国家，并且多数属于"互联网发展中国家"。例如，大多数非洲国家的互联网普及率目前只有 15% 左右，深陷数字鸿沟。中国要进行数字贸易国际合作，尤其是和"一带一路"沿线国家进行数字贸易合作，将至少面临以下几方面的挑战。

其一，监管挑战。在新冠疫情冲击下，各国跨境电商发展迅速，因此，小批量、高频率的碎片化货物贸易，以及随之而来的大量数字信息，给传统货物监管部门和数字产业监管部门带来了巨大的监管挑战，这些监管挑战给部分"一带一路"沿线国家的监管部门带来的压力极大。

其二，人力资源和核心技术挑战。对于众多经济较为落后的"一带一路"沿线国家而言，如果不能及时拥抱数字贸易，那么该国未来经贸发展不仅不能进行弯道超车，而且还将被国际最新经贸发展潮流淹没。但若要发展数字贸易，这些国家传统产业的中小微企业又缺乏诸如大数据、云计算、人工智能等新技术、数字贸易技术和数字金融工具的支持，也缺乏能够从事数字贸易的人才。这相当于剥夺这些企业原本留存在境内的部分收益以及生存、发展空间，甚至会出现企业倒闭的情况。

其三，关税挑战。随着跨境数字贸易规模日益扩大，各国税收主权和利益受到较大的影响，特别是净进口国维护本国税收利益的意愿愈发强烈，单边开征数字税的国家逐步增多。当前中国和"一带一路"沿线国家的单边碎片化且缺乏协调的数字服务税体系，不仅会增加中国与"一带一路"沿线国家的贸易摩擦，未来还会影响跨境数字贸易的开展。

其四，跨国数据保护和法律挑战。数字贸易的发展，必将涉及各国的信息安全问题。数字贸易尤其是跨境电商非常依赖于数据的移动、存储和使用。随着跨境数据流动变得更加频繁，其中个人信息、商业信息保护和法律问题，已摆在中国和"一带一路"沿线国家面前，成为中国与"一带一路"沿线国家发展数字贸易的主要"拦路虎"。

上述提及的挑战，也是各国发展数字贸易普遍面对的挑战。积极应对这些挑战，将促进中国与包括"一带一路"沿线国家在内的世界各国进行数字贸易，并促进中国参与推动制定数字贸易国际新规则、推动中国掌握数字贸易国际合作话语权，为各国经济发展注入新的动力，以及推动数字人民币国际化进程。为此，笔者建议采取以下措施。

其一，解决监管挑战和关税问题。由于中国已与 147 个国家、32 个国际组织签署 200 多份共建"一带一路"合作文件①，其中不少沿线国家已与中国在数字贸易领域展开较为广泛的合作。中国可推动相关部委与这些国家在已签署的"一带一路"合作文件中，补充签订数字贸易的监管协议和关税协议，填补监管空白，进一步加强国际税收信息交换、维护各国的税收权益，以避免在国际贸易发生不必要的纠纷。

其二，解决人力资源和核心技术挑战问题。我们可通过中国相关部委、高校、国际数字贸易协会和跨境电商平台等机构，主动向"一带一路"沿线国家从事或者有兴趣从事数字贸易相关领域教学和研究的教师和学者、数字贸易企业中高层管理人员，提供访学、短期研修的项目，让他们在中国学习数字贸易发展所需的技术和技能，并为其提供奖学金资助。

其三，解决跨国数据保护和法律挑战问题。当前，作为世界贸易体系中最能保证公平竞争的组织，世界贸易组织（World Trade Organization，WTO）在全球数字贸易监管方面陷入了僵局，无所作为，但包括 CPTPP、RCEP 和 DEPA 在内的多项国际协定已经纳入跨境电子商务、数字贸易的相关监管范围。例如，RCEP 协定中，已包含"合法的公共政策目标"和"基本安全利益"等的豁免条件，其可用于证明国内要求限制跨境数据流的合理性。

对此，中国可参考 CPTPP、RCEP 等国际协议的相关条款，再结合各国具体情况，与"一带一路"沿线的区域性国际组织，尤其是与东盟、非盟等国际组织率先建立数字贸易信息保护法、

---

① 我国已与 147 个国家、32 个国际组织签署 200 多份共建"一带一路"合作文件［EB/OL］.（2022-01-29）［2023-05-06］.https://www.ndrc.gov.cn/fggz/lywzjw/jwtz/202201/t20220129_1313902.html.

安全法等相关法律法规，完善个人信息及商业信息保护、数据跨境流动、安全防护等制度；明确加强个人信息、商业信息保护的原则，包括收集限制、数据质量、目的规范、使用限制、安全保障和透明度，要求各缔约国依据这些原则建立法律框架来保护个人信息。同时，数字人民币国际化作为人民币国际化进程中的一种主要方式、路径，将中国人民银行研发的数字人民币在部分"一带一路"沿线国家进行试点，并拓展数字人民币在沿线国家的应用场景，从而提升数字人民币国际化水平。

2. 第三方市场合作新模式，带来更多应用场景

第三方市场合作是由中国首创的国际合作新模式，它秉持"一带一路"倡议"共商、共建、共享"的精神。第三方市场合作是指在面对全球经济深度调整和下行压力冲击之下，通过发挥中国与德国、法国等欧洲国家的各自优势，优化资源配置，释放潜在需求，创造新的就业机会，建立经济新发展模式，并且在尊重作为第三方市场的发展中国家意愿的前提下，中国与欧洲国家合作投资发展中国家的基础设施、能源、交通和金融等领域，以加快发展中国家工业化进程，促进经济发展和社会进步，实现多方互利共赢。在第三方市场合作当中，中国及欧洲国家对"一带一路"沿线国家的投资，可选择使用非美元货币如人民币，这将进一步加大人民币在国际市场的流通范围和影响力。

第三方市场合作这一模式于 2015 年 6 月中国、法国两国联合签署的《中法关于第三方市场合作的联合声明》中正式提出，此后，包括英国、荷兰和德国等欧洲国家在内的 20 多个发达国家都积极参与了"一带一路"第三方市场合作。

从经济学角度来看，深耕"第三方市场合作"对于欧洲国家乃至其他西方发达国家而言，都是一场"及时雨"，这么说至少有以下四个原因。

其一，可减少美元化惯性。如第一章第九节所言，由于不少国家出现高度美元化的惯性，因此这些国家在与中国、欧洲的对外合作中，持续受到美国的影响。"第三方市场合作"的推出，

有助于为"一带一路"沿线国家提供更多外商直接投资货币如人民币、欧元，有助于加快这些国家的去美元化进程。

其二，以往西方发达国家的企业到发展中国家投资的模式，要么是利用东道国的比较优势，要么是绕过关税或非关税壁垒进入并占领市场。但随着时代的改变，尤其是面对新兴国家如中国也"走出去"前往发展中国家投资，原来法、德这种投资模式已不再符合新时代发展的要求且容易引致恶性竞争，因此亟须西方国家的企业做出改变。

其三，西方发达国家由于经济已高度发展，生产要素的边际回报出现了递减现象，导致其整体成本上升。因此西方发达国家的企业若要进一步扩大生产规模，将会出现"规模不经济"的问题。对此，西方发达国家的企业便有动力将其生产要素向发展中国家转移，由此产生"扩散效应"。从理论上，此举可以为发展中国家带来就业机会和经济增长，发展中国家又可反过来进一步促进西方发达国家的出口、就业以及经济复苏和发展，从而形成一个良性循环。但在实际上，西方发达国家的企业虽然拥有先进的技术和管理经验，但其高昂的成本导致的高昂价格并非今天的发展中国家所能负担，如果它们选择与产品、服务相对"物美价廉"的中国企业进行"第三方市场合作"，则其可以通过优势互补、互利共赢来解决成本高昂问题，避免恶性竞争。

其四，中国和欧洲企业的合作已经具备良好的基础，两者继续深耕"第三方市场合作"时机已经成熟。实际上，不少欧洲企业早已参与"一带一路"建设，且获利颇丰。

以德国的企业为例。公开数据显示，截至2021年，西门子已与中国能建、中国电建和中石油等上百家中国央企在"一带一路"的电力、油气与化工、矿山与工业等投资领域开展合作，由此获得巨大的商机。统计显示,西门子销售额的13.5%来自中国。其他德国大公司也都较为依赖中国市场。截至2021年年底,科技集团英飞凌37.9%的销售额来自中国;汽车制造商宝马、戴姆勒和大众汽车超过30%的销售额源于中国;体育用品制造商阿迪达斯21.6%的销售额源于中国;代工企业巴斯夫15.3%的销售额来自中国。

再以瑞士的工业巨头ABB(阿西布朗勃法瑞)集团为例。ABB集团与中资企业的合作遍布"一带一路"沿线国家,先后参与了厄瓜多尔辛克雷水电站项目、孟加拉国巴库275兆瓦火电项目和安哥拉索约联合循环电厂等项目。如今,中国已经发展成为ABB集团全球第二大客户,ABB在中国拥有约1.5万名员工,并且它已为400多家中资企业提供咨询、设计、工程、制造和服务,还协助中资企业解决了不同国家和地区设计标准和行业规范差异化等问题,助其降低项目成本和工程风险。

因此,在有例可循、有利可图的情况下,不少欧洲发达国家的企业有极大动力与中国企业展开第三方市场合作,以获得更大的利益。

对中方来说,与欧洲乃至其他西方发达国家企业深耕"第三方市场合作",不仅有利于推动"一带一路"建设,而且有利于人民币国际化以及中国的产业链升级。

西方发达国家与不少"一带一路"沿线国家有着深厚的历史渊源,对当地了解甚深,人脉广泛且有丰富的运营管理经验。对中国企业来说,与西方发达国家的企业共同投资作为第三方市场的发展中国家,一方面有利于分摊投资风险,同时也能减少在"一带一路"沿线的发展中国家投资时可能出现的对抗,扩大合作空间,促进"一带一路"高质量发展;另一方面也可增加使用人民币直接投资"一带一路"沿线国家，以此提升人民币在国际市场的影响力。

第三方市场合作也有利于中国产业链升级。作为世界第二大经济体，中国经济已经从工业化初期阶段发展到工业化中后期阶段。中国的制造业得到长足发展，产业门类不但齐全且拥有优质产能，但其产业链地位、核心技术水平与西方发达国家相比，暂时还存在差距。西方发达国家拥有的先进技术、管理理念和生产设备，却因为本土高昂的生产成本难以得到有效利用。如果能将欧洲国家先进技术、管理理念和中国的优质产能，与"一带一路"沿线发展中国家相结合，不仅符合中国优质产能"走出去"的需要，还可以通过发展中国家扩大与西方跨国企业的先进技术合作，在干中学，实现技术水平提高和产业链向中高端延伸。

"一带一路"沿线的发展中国家，是"第三方市场合作"的最大受益者。在工业发展方面，众多"一带一路"沿线发展中国家仍处于工业化初期阶段，工业化和城市化水平较低，技术水平较为落后。虽然它们拥有丰富的资源但却极度缺乏资金，它们的实力与经济发展的需要相差较远，亟需产业技术、装备产能和投融资等外部支持。

因此，对于"一带一路"沿线的发展中国家而言，来自中国企业的高性价产品、中高端制造能力，以及西方跨国企业的高端技术、先进理念，不但可帮助它们获得更高性价比的装备与工业生产线，而且还能推动其先进技术的提升、管理人才的培养。这对于提升发展中国家自身研发能力至关重要，是其加速转型升级的绝佳选择，更是其致力于工业化、城镇化与现代化建设的关键。

在基建方面，不少"一带一路"沿线的发展中国家基础设施薄弱，这严重影响了其对外贸易以及国内的就业增长。根据外国研究机构的数据，如果铁路能够互联并有出海口，可以提升"一带一路"沿线发展中国家至少 2.8% 的出口量。如果一个国家在基建上能增加 1% 的 GDP 的投入，则可以直接或间接增加超过 100 万个的就业岗位。在这种情况下，由于中国在基建技术、工程能力、工业和价格结构等领域已具有完备的上下游产业链，且中国的海外基建工程经验也较为丰富，所以如果能再进一步结合西方发达国家企业在国际基建项目可行性论证、规划实施、风险管控、后期整合运营等经验，进行第三方市场合作，加快发展中国家的基础设施建设，那么不仅可以从硬件上改善发展中国家的对外贸易和投资环境，推动其经济发展，还能让该国的民众有更多的就业机会，让他们得到实实在在的好处。并且，完善的基建措施也能让包括西方投资者在内的外国投资者从中受益，实现多方共赢。

综上可见，中国与欧洲乃至其他西方发达国家深入开展第三方市场合作，不仅是对国际合作模式的新突破，更重要的是，该合作模式符合当前国际经济形势下不同发展阶段的国家、区域的发展诉求，它为推动全球各国、各区域开展多边合作提供了新的范本。相信未来的第三方市场合作，将继续秉持共商、共建、共享的理念，进一步推动中外企业通过联合投标、共同投资的创新合作模式发展，开拓新的市场，实现优势互补、多方共赢。此举对于推进"一带一路"建设、提升人民币国际化水平、打造人类命运共同体和实现全球共同发展均具有深远意义。

3. 人工智能技术赋能，与中亚构建"命运共同体"

国家主席习近平 2022 年 9 月 14 日、15 日出席在撒马尔罕举行的上海合作组织成员国元首理事会第二十二次会议，并对哈萨克斯坦共和国、乌兹别克斯坦共和国进行国事访问。2022 年是中国与中亚五国建交三十周年，通过"一带一路"项目的合作，中国与中亚五国在制度机制、政治、经济、安全、人文、国际事务和设立人民币清算行等领域，均扩大双方交往的广度和深度，从而进一步巩固友谊，一起构建"中国—中亚命运共同体"。

尤其令人鼓舞的是中国人民银行在这期间与哈萨克斯坦央行签署协议，在哈萨克斯坦建立了人民币清算系统。哈萨克斯坦是首个当地央行与中国人民银行签署人民币清算安排协议的中亚国家。在中亚国家设立人民币清算行，能够提高人民币在中亚国家的认知度，吸引更多中亚国家的机构和企业使用人民币，这不仅是提升人民币国际化水平的新机遇，而且是中亚国家去美元化的新契机。

未来，随着新一轮科技革命和产业变革的到来，人工智能技术在国民经济和社会发展中的作用日益重要。中国可与中亚国家在人工智能领域加强合作，尤其是将大数据、人工智能等创新科技用于分析市场需求、提升医疗基建水平等方面。这样不仅有利于中亚国家乃至所有"一带一路"沿线国家改善民生、促进科技进步和经济发展，也能加快中国自身的发展。

　　国家主席习近平曾指出，要把"一带一路"建成"减贫之路""增长之路"，要抓住新一轮科技革命和产业变革的历史机遇，大力发展数字经济，在人工智能、生物医药等领域加强交流与合作，使科技创新成果更好地造福各国人民。当今世界正处于百年未有之大变局，中国与中亚国家之间合作的时代背景和国际环境已发生变化，未来中哈之间要进一步加强、深化在各领域的合作，特别应考虑在人工智能领域的合作。

　　首先，可以利用大数据、人工智能技术帮助中亚国家的产品有针对性地进入中国市场。中亚五国要发展经济，需要多出口产品。而中亚五国的产品，如果要进入中国市场，就需要获得中国消费者的青睐。

　　那么，可以采取什么方式？笔者曾经公开提出过，其中一种最好的方式，就是通过大数据和人工智能分析中国消费者的喜好，再出口产品到中国。

　　要分析消费者的喜好，目前已经可以运用开源数据采集和分析技术，包括从顶尖国际媒体期刊数据信息库，以及微博、微信公众号文章、Twitter、LinkedIn、Facebook、Instagram、TikTok 等国内外社交媒体平台，抓取公开信息，并运用社交网络分析、自然语言处理、机器翻译、人工智能等技术加以整理分析。

　　例如，通过核心算法，先从各社交媒体上发现众多（例如百万名或以上）的中国消费者，经常谈论中亚国家的某种产品，并对此表达了购买意愿。中国有关部门就可把这些信息告知中亚国家驻华大使馆，以方便它们把相关产品出口到中国，满足中国消费者的需求。

　　同样，中国的生产厂家，也可以通过这个核心算法了解到中亚国家的消费者对中国产品的需求，有针对性地出口中国产品到中亚国家。增加中国企业与中亚国家的经贸往来，不仅有助于中亚国家的经济发展，也有助于中国企业"走出去"。

其次，大数据、人工智能还可助力"一带一路"沿线国家的医疗健康发展。在 2020 年年初新冠疫情期间，中国不少医疗机构、健康产业企业基于人工智能技术的互联网医疗发挥了独特的优势，尤其是在实体医疗资源紧张的情况下，更需要合理分配医疗资源，才能大幅减少线下交叉感染的可能性，提供个性化医疗服务。

由于不少中亚国家医疗技术水平较低，医疗专业人员非常短缺，中亚国家未来可以和中国的相关科技企业在人工智能+健康领域加强合作。一方面，新型医疗技术已被证明有助于防范和消除新冠疫情；另一方面，人工智能+健康技术也将提升当地公共卫生早期预警水平，防范新型传染病的扩散。

未来，中国的科技公司还可以和中亚国家在这一领域深入合作，探讨如何通过人工智能与互联网技术，帮助医疗卫生服务机构进一步深入当地各类社区，实现分级诊疗，提高中亚国家民众对优质医疗服务的可及性。进一步来说，未来中亚国家可通过新技术，远程利用中国的医疗资源，衔接线上与线下服务，中国的医疗资源则可通过新技术协助中亚国家在慢性病、常见病领域的健康管理，提高中亚国家整体的医疗水平。这对于未来全球的传染病防控意义重大。

故此，为了更好地利用大数据和人工智能技术为"一带一路"建设服务，笔者有如下三个建议：

其一，建议相关部委牵头，组织一批有上述技术力量的中国科技公司，打造成为中亚五国大数据和人工智能联盟，集中为中亚五国提供技术支持。

其二，建议海南自贸港、粤港澳大湾区所在的各地政府利用国家给予的先行先试政策，邀请中亚五国的科技公司高管、上述相关行业负责人、新闻行业负责人、进出口行业负责人，前来海南自贸港和粤港澳大湾区的科技公司、大学及科研机构访学、交流，加深中亚五国对大数据、人工智能的认识，进而拥抱高新科技。

其三，建议海南自贸港、粤港澳大湾区所在的各地政府，派出相关人员前往中亚五国调研、访学和交流，以了解中亚国家当前的科技水平、大数据和人工智能的普及情况，以及具体的实际需求，从而为这些国家制订更有针对性的大数据、人工智能援助方案，以此推动这些国家的发展，打造人类命运共同体。

简而言之，中国与中亚国家在大数据、人工智能技术领域的深入合作，将有助于进一步推动双方在其他领域的合作，例如人民币清算安排的合作。而且，在金融货币领域的深入合作，也有利于推进其他领域的合作。因为随着金融货币"语言"逐渐成为国际共同语言，各国民众对货币使用的共同体验，已产生具有广泛认同性的"通感"（sense of commonality）。这种"通感"，事实上已经打破不同的语言、风俗、民族和国籍的界限。中国与中亚国家加强在人民币领域的合作，将进一步增加中国与中亚国家的这种"通感"。通过"润物细无声"般的金融货币"语言"和方式，加强中国和中亚各国的沟通、交流和合作，以此为基础还将衍生出更多领域的"通感"，进一步推动"一带一路"建设高质量发展。

4. 推动东南亚国家电网互联互通，加强人民币在缅甸进而在东盟国家的流通

随着"一带一路"沿线的东盟国家的经济、城市化进程发展加快，电力需求在2014—2025年将翻一番，这期间至少需要1 000亿美元用于电力投资，以满足东盟国家经济迅速发展的动力需求。但是，受限于资金短缺和开发水平落后等，目前东盟国家除新加坡、文莱外，人均装机、人均用电量都还处于较低水平，尤其是年人均用电量基本都在2 000千瓦时/人以下。由于不少东盟国家无法确保电力供应稳定，外国投资者对东盟国家的电力短缺风险甚为担忧，这也严重影响东盟国家未来的经济增长。

包括中国在内的不少外国电力企业看准了东盟国家电力投资机遇，为解决东盟国家的电力短缺问题，这些外国电力企业均前往建设发电厂。但笔者研究发现，在东盟建电厂存在以下几个问题。

其一是汇率风险。不少东盟国家的货币贬值幅度非常大，例如缅甸货币曾一度贬值高达60%。由于机电工程和成套设备资金投入量大，资金回收周期长，一个发电项目一般要3~5年的时间才能实现资金回笼；如果遭遇该国货币大幅度贬值的情况，不少东盟国家在签订具体条款时，又往往倾向于让外国投资者承担汇率损失的风险，这将令投资者的资金回笼以及获得回报的时间大幅延迟。这种情况已让不少外国投资者望而却步。

其二是地质勘探风险。东南亚地貌较为复杂，不少外国电力企业在投资越南、柬埔寨等国的水电厂建设过程中，面临的最大问题是对当地的喀斯特地貌状况不熟悉，导致开工建设之后，才发现仅解决地基问题就已远超工程预算，更别谈要完成整个工程项目了。

其三是劳动力准入风险。全球金融危机爆发之后，东盟国家的劳工组织已更加注意稳定就业。大型的水电和电网建设工程在用工高峰期往往需要两三千名员工，但这些员工尤其是技术型员工很大一部分在本地招聘不到，而且不少东盟国家仅愿意为这些员工提供商务签证，并在劳动力准入方面进行限制。笔者研究发现，马来西亚规定聘请 1 名外籍员工，至少需要聘请 2 名当地员工。而且，部分东盟国家政府为了调控劳动力市场的供求情况，这种比例还经常有所改变，这就为外国投资者的投资和施工带来不少障碍。

其四是东盟各国对发展电力设施的目标都比较宏大。它们与各国电力企业之间签订的协议不少，但按照约定的时间建造完成的项目却不多。其原因在于部分东盟国家政府容易改变游戏规则，无法确保外国投资者的利润。情况最严重的是东南亚某国，该国政府虽已签约了 50 个风力发电项目，但只有 5 个项目是按照约定的时间修建的。

此外，外国投资者还会遇到东盟国家的电力输送基础设施建设滞后、银行对新能源项目信贷谨慎、大面积土地征用困难等问题，这也导致投资东盟国家的电力企业更为谨慎、小心，更是直接导致东盟国家面临电力短缺风险。

要解决上述问题，笔者认为，一方面需要包括中国在内的外国投资者，通过与拟投资的东盟国家的政府进行更为详细的谈判，利用各类弹性和预留条款，让双方实现共赢。另一方面，可参考北美和欧洲的成功案例，尽快解决东盟国家当前电力短缺的问题。在北美，美国、加拿大和墨西哥的部分地区已经实现电网的互联互通。在欧洲，则已有 30 多个国家形成了互联互通的电网。但在东盟国家，目前的电网尚未互联互通，甚至可以说相当零散。因此，我国可以考虑将中国南方电网和部分东盟国家的电网互联互通，为东盟国家的经济发展、科技进步提供更多的动力。这包含以下几个因素：

其一，中国电价比东南亚电价低。笔者经过数据调查发现，以 2017 年为例（2018 年尤其是 2019 年之后，受新冠疫情冲击，相关数据缺乏研究和对比意义），中国各类型发电成本分别为：火电约为 0.37 元/千瓦时；水电约为 0.26 元/千瓦时；风电约为 0.56 元/千瓦时；核电约为 0.40 元/千瓦时。综合来看，中国各类型发电平均成本约为 0.38 元/千瓦时。考虑到中国出口电力类型主要为火电、水电，其中火电与水电比例约为 3∶1，估计中国电量出口成本约为 0.34 元/千瓦时，而当前部分东盟国家的电费相对比较高。

其二，中国有足够电量可供出口。笔者仍以 2017 年数据为参考，截至 2017 年年底，中国全国发电装机容量为 17.8 亿千瓦，年总可发电量为 15 593 亿千瓦时。考虑到中国电网企业平均线损率为 6.72%，以及备用容量、峰谷差等因素，中国 2017 年可供出口电量约为 2 116.9 亿千瓦时。2017 年中国实际出口电量为 584.08 亿千瓦时。

何况，中国还可以通过全面调整电力结构，比如东部先充分利用资源禀赋，大量就地利用绿能（光伏、风电、生物质能、氢能等）发电，不足的部分再从西部调度过来；西部地区沿国境的国家比较多，可以就近架设跨境电网，实现就近卖电。因此，中国未来仍有大量电力可供应东盟国家，从而支持这些国家的发展。

其三，中国电力此前已有"外送"部分东盟国家的经验。笔者通过数据调查发现，老挝电网2017年向中国采购电总量为0.481亿千瓦时，单价为0.067 8美元/千瓦时，折合0.455元/千瓦时。2017年中国对越南电力出口1.94亿千瓦时，货值286.2万美元，平均出口电量单价为0.413元/千瓦时。泰国电网2017年电力进口总量为3.88亿千瓦时，平均进口电量单价为0.054美元/千瓦时，折合0.362元/千瓦时。

根据上述数据，笔者认为，随着中国和东盟国家合作加深，建设中国和东盟国家互联互通电网正当其时。这是因为：

第一，可将东盟国家之间较为零散的电网互联互通扩大。目前虽然马来西亚和新加坡、印度尼西亚和菲律宾，以及泰国和老挝等国家，已局部实现小范围的电力互联互通，但随着近年来东盟国家经济快速增长，电力需求也相应增长。公开数据显示，东盟国家有超过1/5的人口仍缺乏电力供应，到2035年东盟国家的能源需求将增长80%以上。在这种情况下，进口中国的电力可解燃眉之急。

第二，不少东盟国家的民众对建造大型发电设施有抗拒情绪，担心这些发电设施会给当地带来环保问题。在技术层面，从中国输电的主网多数架设在崇山峻岭人烟稀少之处，不容易形成观感上的刺激。只要东盟国家民众深刻认识到电力的好处，在当地再建设电力站及水电站来调节电力局部不平衡状态就会顺理成章，进而形成各电网的互联互通。

第三，中国可通过电力"外送"获得电力结算权。由于电网是从中国境内向外辐射，加上周边国家的电力设施普遍落后、缺乏，中国电力企业完全可以通过技术力量，在当地建电网或把当地电网并入主电网进行统一管理及调度。

第四，中国可借此打造"电力人民币元"。中国与东盟国家的电网互联互通，可以借此建立以人民币为结算货币的"电力买卖交易机制"。这是因为：一方面，东盟国家普遍存在外汇（尤其美元）储备不足的问题，中国企业便可以要求它们更多使用人民币结算；另一方面，用电力作为人民币"锚定物"，可以增加人民币在周边国家的使用量，进一步推动人民币国际化进程。

简而言之，进一步推动中国与东盟国家的电网互联互通，一方面符合国家主席习近平提出的"能源互联网"的讲话精神，而且，还可以适应东盟国家经济崛起的要求；另一方面符合"一带一路"建设让沿线国家民众得到实实在在的好处的要求。更为重要的是，通过电网互联互通，中国还能掌控电力结算权和打造"电力人民币"，实现政治和经济双丰收。

早在 2021 年 1 月 11 日，缅甸国家领导人在内比都会见到访的时任中国国务委员兼外长王毅。当时王毅表示，中方将始终同缅方坚定地站在一起，共同战胜新冠疫情，共同推进经济复苏，共同建设中缅命运共同体。为支持缅方控制新冠疫情，王毅还表示，中方决定紧急向缅甸提供一批新冠疫苗，同时愿同缅方进一步开展疫苗合作。

那么，中缅除了在卫生健康领域加强合作，共建健康丝绸之路外，双方未来还有哪些新的合作方向？笔者认为推动缅甸更多地使用人民币将是中方可期待的一个新方向。通过推动缅甸更多地使用人民币，进而推动更多东盟国家使用人民币，还能如上一节所言，促使中国与东盟国家产生具有广泛认同性的"通感"，拓展双方在各种领域合作的范围。

金融是现代经济的血液。缅甸的经济要尽快从新冠疫情中恢复起来，除了要有疫苗，还要有金融市场。中缅可以在人民币和交易所这两个层面进行金融领域的合作。

首先，推动缅甸更多使用人民币。缅甸的货币汇率波幅较大，有时会严重贬值，而且贬值幅度往往达两位数。此外，缅甸惯用的美元等国际货币近来也出现突然贬值的情况，而人民币汇率相对于国际上主要国家的货币汇率要更加稳定。

因此，可以推动缅甸政府和企业更多储备人民币，并使用人民币进行贸易结算。这一方面可以通过中国庞大的外汇储备、雄厚的经济实力和稳定的人民币汇率，发挥"定海神针"的作用，减轻届时其他国际货币贬值对缅甸各方可能造成的冲击；另一方面，缅甸更多使用人民币，也能带动其他东盟国家更多使用人民币。如今我国对亚洲经济的影响力剧增，在"相邻效应"之下，未来中国和亚洲各国的经济、金融联系将显著加强。即便东盟其他国家原本比较偏好另一种货币，如美元等，但这些国家发现成员国缅甸愿意使用人民币，也会让人民币的交易与储备变得更容易进行。

东盟各国更多地使用人民币，有助于增加亚洲各国对人民币的认受性，有助于各国更多地将人民币作为结算货币、交易货币和储备货币。越多亚洲国家以人民币进行结算、交易和储备，采用人民币结算、交易和储备的成本就越低。

其次，中缅也可以考虑在交易所领域进行金融合作。目前缅甸仰光证券交易所（Yangon Stock Exchange，YSX）共有 7 家上市公司，这 7 家上市公司的交易量共有约 187 万股股票。该证券交易所自 2020 年 3 月 20 日起允许外国投资者在仰光证券交易所购买股票。根据该交易所公布的数据，截至 2021 年 3 月 9 日，外国投资者已购买仰光证券交易所 4 家上市公司的 450.276 万股。

未来可推动更多在缅甸投资的中国企业购买在仰光证券交易所上市的股票，推动到缅甸投资的符合条件的中国企业在仰光证券交易所上市。时机成熟，更可推动中国的交易所和缅甸的交易所进行互联互通，打造沪仰通、深仰通；引入中国新的流动资本、技术、经验和产品，为缅甸的资本市场发展注入活力，也为缅甸的经济发展注入新的发展资金，同时为下一步推出期货、期权等各类金融衍生品从而丰富缅甸金融市场做好准备。

这类金融领域的合作，等于是正式告知包括缅甸民众在内的"一带一路"沿线各国民众，推进"一带一路"建设不仅涉及国际关系和文化领域，更涵盖了经济、金融领域。"一带一路"的"五通"任务中的"资金融通"就属于金融范畴，加强"资金融通"，有助于推动"一带一路"沿线各国的金融市场稳定和发展。

就笔者过去曾在缅甸的三次调研所见，缅甸的基建较落后，工业产业的发展也落后，大量的工业产品、钢铁、日用品都需要进口，更谈不上有什么好的服务行业了。工业基础落后、城市规划滞后，是缅甸的基本情况。

缅甸当时为了改变这种情况，曾经一度想求助美国、日本和欧洲，缅甸也得到了一些承诺。但过去两年来，承诺是有了，却没有兑现，因此缅甸现在对美国、欧洲、日本有些失望。缅甸想大力发展经济，推进基建的发展，进而推动产业发展，以及创造更多的就业机会，因此他们把目光对准中国，这就给中国的企业进入缅甸创造了有利的条件。即便在过去，中国企业的投资也占缅甸外来投资总额的50%以上。这个数量确实比较大，但中国企业过去的投资还是小打小闹，没有大规模地、有规划地在缅甸进行投资。

由于欧洲、美国、日本对缅甸的承诺迟迟没有兑现，这就给中国的企业到缅甸投资创造了很大的机遇和空间，尤其是为中国的大企业前往缅甸投资提供了机遇。

另外，缅甸也想发展智慧城市，也想发展移动支付。缅甸借鉴中国发展类似产品的经验，并在此基础上进行改良。例如中国不管是微信还是支付宝，都不能进行外汇交易，但在缅甸通过加入一个系统，利用类似的支付工具就可以进行外汇交易。缅甸现在是想追求跨越式发展，希望把中国最好的技术、最好的产品、最好的人才引进到缅甸。这就为中国的相关企业和人才提供了机遇，尤其是推动当地发展数字人民币应用场景的机遇。

在城市发展和规划方面，缅甸也是参考中国的城市发展经验。例如他们准备在仰光打造一个仰光新城，就参考了浦东新区的发展规划。另外，仰光在发展智慧城市的过程中也参考了很多中国发展智慧城市的经验。

缅甸各地，尤其是大城市的发展，大量参考了中国城市的发展经验，而且对中国的发展非常看好，也愿意去参考和模仿，这对中国的企业来说无疑是一个非常好的机会。尤其是当中国很多技术和产品在国内市场遇到很大的竞争的时候，如果把相关的技术、产品带到缅甸，并结合缅甸当地的情况，开发出一套可以落地生根的技术，那么这些技术可能很快就可以在缅甸发展起来。

反观美国、欧洲与日本，虽然不能说以往在缅甸投资失败，但在过去两三年，它们的确没有或者是较少去缅甸投资。例如美国推动制造业回归，并不愿意推动制造业到其他国家去投资；欧洲经济发展尚未完全恢复，在自顾不暇的情况下，它们很难去顾及别的国家；日本虽然有意在东南亚国家投资，但缅甸不是最佳的选择，因此去得也相对较少。

最后，需要强调的是，要加强中缅两国的合作，需要进一步促进双方的了解。笔者去过很多东南亚国家，发现一个有趣的情况：缅甸的民众对中国的了解非常深，不管是对中国的古诗词还是中国正在发生的一些事情，他们都很感兴趣，甚至和笔者交谈之时还能谈到一些中国热点新闻。

另一个非常有趣的情况是，在大部分的东南亚国家，酒店的电视能够收看的，要么是中国中央电视台中文国际频道，要么是凤凰卫视。但在缅甸的不少酒店里，却可以收看中国中央电视台的财经频道。这个频道是专门报道中国经济情况的。由此可以看出，缅甸人对中国很了解，也希望可以了解到中国经济最新发展趋势和发展经验，并把这些经验引进缅甸。

对中国的企业来说，既然缅甸正在深入地了解中国的方方面面，中国企业如果对投资缅甸有兴趣，那么也要开始了解缅甸的方方面面，才能知己知彼。

缅甸越来越倾向于参与"一带一路"建设，这既是"一带一路"高质量发展新征程中的一个意外之喜，也有可能成为沿线国家参与"一带一路"建设和提升人民币国际化水平的一个典范。

5. 与拉美国家金融经贸合作带来的机会和挑战

美联储 2022 年连续大幅加息，严重冲击了拉美国家经济，拉美国家未来要在经济逆境中求生存和发展，亟须挖掘新增长点。包括香港在内的粤港澳大湾区可考虑在新型基建、数字经济和金融科技等领域与拉美国家加强合作。扩大粤港澳大湾区与拉美国家的经贸合作空间，既有助于拉美国家摆脱经济困境、摆脱高度美元化惯性，又能为粤港澳大湾区发展创造新机遇，形成多赢局面。

美联储的激进加息严重影响了位于美国以南的美洲地区的 33 个国家及若干未独立地区（简称"拉美国家"）的发展，不仅使得拉美国家的物价上涨、货币贬值、贷款成本增加、民众失业率升高，还导致拉美多国国际收支状况恶化、资本外流、偿债成本明显上升，经济下行压力增大。

根据世界银行及联合国统计署数据，拉美地区 2021 年的人口约为 6.58 亿人，占全球人口总数的 8.40%；2021 年 GDP 为 54.89 万亿美元，占全球总额的 5.71%。拉美国家除了智利、乌拉圭等 7 个国家属于高收入经济体外，大部分国家长期处于中等收入阶段。

拉美多国利率同美元挂钩，并且还有较高的美元债务存量，比较容易受到美联储激进加息的影响。例如在 20 世纪 80 年代，由于美联储采取激进加息措施，拉美国家经历了"失去的十年"，陷入严重的经济危机。

而如今，在美联储激进加息、美元升值和俄乌冲突等因素叠加影响下，拉美经济遭受严重冲击，增长前景黯淡。联合国拉丁美洲和加勒比经济委员会近日发布的报告更显示，2022 年拉美与加勒比地区经济增长率仅约为 3.7%，远低于 2021 年 6.5% 的增速。

拉美国家若要避免再次经历"失去的十年"，要对内解决好影响经济、社会稳定的政治问题，加快产业升级；对外应考虑更多与其他新兴市场如中国加强多领域的合作，尤其是加大与中国在贸易结算、跨境投融资等领域的人民币合作，如此才有可能在多重困境中找到出路。

诚然，拉美国家要加强与中国合作，面临着两大挑战。

其一，美国的"新门罗主义"（Monroe Doctrine）。虽然时任美国国务卿克里（John Kerry）于 2013 年曾在美洲国家组织总部发表演讲时宣布，"门罗主义"的时代已经终结，美国不再致力于干预其他美洲国家内部事务。但仅过去 6 年时间，特朗普政府又推出"新门罗主义"，将矛头指向中、俄。例如，指责中国的"一带一路"倡议会给拉美国家带来"债务陷阱"，指责俄罗斯对委内瑞拉政府的支持。他们还通过"近岸外包"（Near-Shore Outsourcing）的方式，企图在拉美国家打造"去中国供应链同盟"。

其二，中国与部分拉美国家的产业结构高度相似，产品同质化竞争激烈。由于部分拉美国家推行进口替代战略，不断提升其工业化水平和工业产品的制造能力，因而与中国的同类产品在"离岸市场"上竞争不断加剧。再加上不少拉美国家市场开放水平较低，倾向于实施贸易保护政策，个别国家如墨西哥甚至频繁对中国发起反倾销调查。

　　然而，不管是"近岸"方式还是"离岸"方式，实际上都难以"靠岸"。近年来拉美国家的国际关系逐步趋于多样化，而非"美国化"。这是因为拉美国家已经达成一个共识，即该地区不会也不能成为世界大国竞争的场所。

　　从这个角度来看，拉美国家与中国拥有互利共惠的基础，也令中拉关系近年来稳步增进。截至 2021 年底已有 21 个拉美国家与中国签订了"一带一路"合作协议。中国在 2021 年继续保持拉美国家第二大贸易伙伴地位，据中国海关总署发布的数据，2021 年中拉进出口总额约为 4 515.91 亿美元，较 2020 年增长 41.1%。除了墨西哥，拉美主要国家的最大贸易伙伴均为中国。例如，中国连续 13 年保持巴西最大贸易伙伴地位，多年来中国也是阿根廷的第一大进口来源国。

　　而且，自 2005 年以来，中国向拉美各国总共提供了 1 400 多亿美元贷款，超过了世界银行和美洲开发银行的总和。虽然美国指责中国的投融资会给拉美国家带来"债务陷阱"，然而实际情况却并不是这样。中国对拉美国家的投融资，不仅遵照商业规则和拉美国家当地法律法规，中国政策性银行给予拉美国家的贷款利率，也通常低于美国进出口银行，在更大程度上弥补了拉美国家发展资金缺口。

　　世界银行数据显示，在拉美国家的公共外债类别中，有60%属于私人债权人，18%属于国际金融机构，16%属于商业银行，6%属于官方双边债务（中国是该类别中最大的双边债务国之一）。由此可见，拉美国家最大的债权人并非中国，而是私人债权人和国际金融机构，其所占比例为78%。

　　上述数据均显示出，中国的投融资并未给拉美国家带来"债务陷阱"，而且中国持续用实际行动促进了拉美各国的经济发展。未来要避免"失去的十年"悲剧重演，拉美国家无疑必须进一步推进与中国等新兴国家在多个领域的合作，相信包括香港在内的粤港澳大湾区各城市至少可通过以下三个领域加强与拉美国家的合作，把握发展新机遇。

其一，新基建领域的合作。公开数据显示，2005—2020 年，中国在拉美国家的已投入使用或在建的传统基建项目共 138 个，项目资金总额超过 940 亿美元。这批项目为当地创造了逾 60 万个就业岗位，并进一步推动拉美国家互联互通发展。

例如，墨西哥东岸最大港口韦拉克鲁斯（Veracruz），是中资企业近年来在墨西哥兴建的最大基建项目，建设范围包括 40 余万平方米的堆场面层、重箱区、冷藏箱区、PV 区结构层施工、堆场范围内空箱区结构层、房建、水电等 10 余项分项工程。该项目在 2019 年建成之后成为墨西哥第二大港口，极大地改变了墨西哥基础设施老化严重、规模小及技术落后的状况。

近年来，尤其是新冠疫情引发的各个危机之后，拉美多国愈发认识到包括 5G 基站建设、特高压、城际高速铁路和城市轨道交通、新能源汽车充电桩、大数据中心、工业互联网等在内的新型基础设施建设的重要性，拉美多国认为如能紧紧把握住新基建发展机遇，并在此基础上加速构建智能新消费体系，让"新基建"与"新消费"互为动力，必将对经济发展带来巨大推动。

由于拉美国家对新基建需求大，而粤港澳大湾区在技术、资金、经验等方面又有较大优势，因此，粤港澳大湾区与拉美国家在新基建方面的合作空间非常广阔。

其二，数字经济的合作。为摆脱经济困境，拉美国家的传统产业正在逐步走向数字化，其中最明显的就是传统零售向电子商务的转型。拉美国家 2021 年的电子商务渗透率约为 10%，已连续三年位居世界前列，其交易额已经高达 200 亿美元，预计到 2023 年，该电商销售额更将达到 420 亿美元。跨境电子商务服务平台和以"互联网+"为代表的数字经济产业，不仅将成为拉美国家未来经济的新增长点，也有望成为数字产业发展实力雄厚的粤港澳大湾区与拉美国家未来合作的新增长点。

其三，金融领域的合作。在 2021 年 12 月，中国−拉美和加勒比国家共同体论坛第三届部长会议通过了《中国−拉共体成员国重点领域合作共同行动计划（2022—2024）》。此行动计划提出，在金融领域，双方将深化机构间合作，为合作项目提供金融合作机制，鼓励双方金融机构共同为中国与拉美国家的贸易、投资合作项目提供融资和信用保险支持。除开发性金融机构直接提供融资外，中国与拉美国家的商业银行间的合作空间将更广阔，合作形式更灵活，合作内容更具前瞻性。

拉美国家在数字货币发展领域已走在世界前列，如巴哈马已成为全球首个正式采用中央银行数字货币的国家，东加勒比货币联盟已成为全球首个启用央行数字货币的货币联盟，巴西、秘鲁、智利和墨西哥等地区大国均在加紧推出本国的数字货币。因此中国可以在数字货币发展领域加强与拉美地区国家的合作。

除了在上述国家推动数字人民币场景应用试点之外，作为国际金融中心的香港，首先，可积极投资拉美国家有发展潜力的金融科技相关企业。例如，在 2021 年 8 月，由腾讯集团和软银集团领投，阿根廷移动支付应用企业 Ualá 获得 3.5 亿美元 D 轮融资，成为近年来阿根廷企业获得的最大一笔私人融资，展示出了粤港澳大湾区与拉美国家在金融科技领域合作的潜力。其次，拉美国家近年来也涌现出各类创新、高科技企业，香港可考虑积极吸引这些企业前往港交所上市。最后，作为国际金融中心的香港也可以进一步加强与拉美国家在数字人民币领域的合作。

　　时任国务委员兼外交部部长王毅曾用"海内存知己，天涯若比邻"来形容中国与拉美国家的关系。粤港澳大湾区在挖掘东盟国家机遇的同时也应积极找寻同样发展潜力巨大的拉美国家的发展机遇，这是因为"远亲也可如近邻"。

6. 紧握 RCEP 机遇，构建人民币国际网络

2022 年 1 月 1 日，《区域全面经济伙伴关系协定》（RCEP）正式生效，这标志着覆盖人口数量最多、成员结构最多元、经贸规模最大和最具发展潜力的全球最大自由贸易区正式启动。这不但对中国的发展有巨大意义，对作为海上丝绸之路的起点、千年以来一直参与 RCEP 国家贸易的粤港澳大湾区而言，更是进一步抓住 RCEP 的新发展机遇，打造成为区域人民币结算中心、教育服务贸易中心、区域国际人才中心的好机会。

东盟 10 国与 5 个对话伙伴国——中国、日本、韩国、澳大利亚、新西兰签署的 RCEP，旨在推动区域内的贸易规则统一，通过削减关税及非关税壁垒，建立一个区域统一市场的自由贸易协定，有助于 15 国进出口企业降低经营成本，提高竞争力乃至提升 15 国的整体经济实力。RCEP 可用三个 30% 来概括：15 个成员国的人口约占世界人口的 30%；15 国的经济总量约是全球GDP 的 30%，15 国的贸易额在全球的占比也约为 30%。假以时日，RCEP 将推动全球建立全新的政经秩序，亚洲有望持续成为全球经济增长的主要推动力。

对中国而言，RCEP 将成为中国更高水平对外开放的重要平台，它不但可推动中国构建更高水平的开放型经济新体制，而且可促使国内企业提高产品科技含量和产品质量，从而进一步拓展海外需求，深度融入国际产业链。更重要的是，RCEP 的正式实施，将给中国经济发展注入新的活力，促进中国未来进出口增

长、提升经济潜在增速。外界估计，RCEP 有望提升"十四五"时期中国进出口年均增速 1.5~2 个百分点，提升中国 GDP 年均增速 0.03~0.04 个百分点。

粤港澳大湾区拥有中国南方最大、历史最悠久的对外通商口岸和世界上 2 000 多年长盛不衰的大港，也将在 RCEP 的新机遇中大为获益。除了外界普遍认为 RCEP 签署将给粤港澳大湾区带来外贸、跨境物流、港口航运、机场等领域的红利之外，还将促进粤港澳大湾区和 RCEP 签署国尤其是日本，在未来建立更加密切的经贸合作。

此前，中国与除日本外的 14 国都有双边贸易协定。这次 RCEP 最大的突破在于，通过签署 RCEP，中国与日本建立了自贸关系，这是中日首次达成双边关税减让安排，也是中国首次与世界前十的经济体签署自贸协定。公开数据显示，尽管国际经济环境存在诸多挑战，中日经贸合作仍稳步发展，2021 年中日货物贸易总额达到 3 714 亿美元，创历史新高。而随着 RCEP 的签署和实施，预期中日经贸往来将进一步增加，未来日本出口至中国的机械、汽车零部件和食品，以及中国出口至日本的服装将是双边关税逐步减让的主要受益行业。

日本是广州的第三大实际使用外资来源地。中国与日本建立自贸关系，加上 RCEP 中有关知识产权的条款，将消除日本对投资中国市场的疑虑。未来这将推动日本更多的投资进入大湾区各城市，除了广汽本田与广汽丰田的合作之外，国内还有望进一步拓展日本和大湾区企业合作的维度和宽度。

除此之外，由于从地理位置看，粤港澳大湾区几乎处于 RCEP 各成员方的中心点，因此如果粤港澳大湾区若要进一步抓住 RCEP 带来的新发展机遇从而发展成为 RCEP 的中心城市，则可考虑将自身打造为区域人民币结算中心、教育服务贸易中心与区域国际人才中心。

其一，积极打造区域人民币结算中心。要落实好 RCEP，关键之一是要协调区内金融政策，并通过使用稳定的货币，避免资金币种、时间与使用错配。粤港澳大湾区乃中国通往世界的"南大门"，其贸易额将与 RCEP 成员国贸易总额一起稳步增长。对此，粤港澳大湾区应考虑成立 RCEP 区域人民币结算中心，试点推动与区内成员间贸易使用人民币结算。此举一方面可避免包括粤港澳大湾区企业在内的中国企业使用美元、欧元等国际货币结算时因汇率波动频繁出现不必要的成本和额外风险，另一方面可以协助建立人民币在 RCEP 成员国之中的使用地位，进一步推动人民币成为 RCEP 成员国的储备货币，并扩大包括粤港澳大湾区企业在内的中国企业对外投资规模，从而提升人民币的国际化程度。

其二，积极打造区域教育服务贸易中心。服务贸易是 RCEP 的一个重要项目，皆因服务贸易既是发达经济体发挥自身优势、扩大出口的重要方式，又是发展中经济体充分利用全球服务、改善自身经济产业结构的重要载体。而中国作为区域所有国家最主要的贸易伙伴、最大进口国，对 RCEP 成员国民众的吸引力将与日俱增，未来将会有更多的 RCEP 成员国民众前往中国学习、深造，粤港澳大湾区应该把握时机，通过香港科技大学、香港大学、中山大学和暨南大学等传统名校，吸引更多成员国学生前来留学，将粤港澳大湾区打造成为 RCEP 成员国的教育服务贸易中心，更加积极参与粤港澳大湾区国际教育示范区建设。此举的直接收益，就是将为粤港澳大湾区带来庞大的经济效益。全球高等教育出口贸易已成为增长速度最快的产业，教育服务贸易的出口不仅可以为接受国家与地区每年带来逾 300 亿美元的直接经济效益，还能带动相关上下游产业的发展，并产生更多的就业机会。此举的间接收益，则是粤港澳大湾区在实现经济利益的同时，还可以向各成员国传播广州经济发展经验和中华优秀文化。教育特有的渗透作用，不仅有助于讲好大湾区故事乃至中国故事，更有利于中华文化、中国价值观得到世界各国的认同和欣赏，这将加强和推进各国和大湾区甚至全中国的进一步合作。

其三，积极打造区域国际人才中心。择天下英才为我所用，有利于区域乃至国家的发展。以美国为例，在世界上大多数国家人才储备基本均来源于国民的情况下，美国却可以从全球 78.37 亿的人口中招募人才，从而获得巨大的发展，成为世界第一大经济体。RCEP 各成员国共有 23 亿人口，粤港澳大湾区应当考虑积极打造区域国际人才中心，采取更宽松的出入境政策、工作签证政策和访学签证政策，吸引 RCEP 各成员国的科技企业高管、科研机构的专家学者以及拥有世界各知名大学本科学位或以上的专业人士前往大湾区各城市短期甚至长期工作，以及前往大湾区各著名大学访学，让更多人才来圆"大湾区梦"，逐步消除困扰大湾区已久的创科产业和人才的"鸡和蛋"问题。吸纳的各成员国优秀人才，成为推动大湾区经济发展、科技进步的重要力量。

粤港澳大湾区如能通过打造区域人民币结算中心、教育服务贸易中心、区域国际人才中心，发展成为 RCEP 成员国的中心城市，那么这不仅可以加快推动粤港澳大湾区建设成为"一带一路"重要枢纽城市和国际交往中心，也能为粤港澳大湾区进一步深化对外开放、打造"双循环"战略支点带来新发展机遇。

7. "一带一路"项目成沿线国家发展"馅饼"

近年来，国际社会不时出现言论，攻击"一带一路"项目会为沿线国家带来债务陷阱。但这类说法从未经过研究证实，而是多流于将经济问题政治化。相反，有数据显示，"一带一路"项目可使物流时间缩短约 2.5%、全球贸易成本降低 2.2%、全球实际收入增长 2.9%。可见推动"一带一路"高质量发展，给沿线国家带来的并非债务陷阱，事实上是发展"馅饼"。

债务陷阱（Debt Trap）是个经济术语，意指政府背负过高的外债负担，从而使经济处于不可持续的高负债和低增长的恶性循环状态。对于政府负债和经济发展之间的关系，全球各经济学派有不同的解读。

凯恩斯学派（The Economics of Keynes）认为，短期内政府债务增加能够提高民众的可支配收入，从而扩大社会总需求，以此刺激经济增长。但也有部分新古典经济学派（Neoclassical Economics）指出，政府负债过高将对国内投资和消费产生挤出效应，会抑制债务国的经济增长。著名的巴罗-李嘉图等价定理（Barro-Ricardo Equivalence Theorem）则认为，政府负债与否并不影响经济增长。国际货币基金组织（IMF）的研究显示，各国经济增长与政府主权债务占 GDP 的比重之间存在一个最佳债务率，若达到这个最佳债务率便能令经济增长率最大化。

全球经济学界就政府负债和经济发展之间的关系的争论旷日持久。大多数"一带一路"项目实施时间尚短，暂未有足够数据证明沿线国家向中国贷款建设的项目与其经济增长的关系。然而，印度、美国、澳大利亚等国的不少学者、政府高官、智库和媒体散播错误言论。例如印度学者切拉尼（Brahma Chellaney）于 2017 年 1 月在《世界报业辛迪加》发表文章，宣扬中国"一带一路"倡议是"债务陷阱外交"，抛出了中国债务陷阱外交论（Debt-Trap Diplomacy）。中国债务陷阱外交论无疑会对"一带一路"的声誉和高质量发展造成负面影响。上述国家的政治人物、学者将经济问题政治化的做法也受到驳斥。多个"一带一路"沿线国家，如被点名遭遇中国债务陷阱外交的赞比亚、肯尼亚和安哥拉等国的领导人和官方人物，均在不同场合公开驳斥"中国债务陷阱论"错误言论。

全球学术界至今并未发现中国让"一带一路"沿线国家出现债务危机从而攫取沿线国家资产或资源的案例。甚至部分美国学者、美国智库也基于研究数据，发表过不少驳斥"中国债务陷阱论"的文章。例如，美国约翰·霍普金斯大学政治经济学教授布劳蒂加姆（Deborah Brautigam）经过研究表示，"中国的'债务陷阱'"是一个伪命题。该学者列举了黑山、肯尼亚、赞比亚和其他地方的例子，表示虽然一些西方媒体对此大肆宣扬，却没有证据支持"债务陷阱"的说法。又如，美国兰德公司（RAND Corporation）的研究报告显示，铁路联通促进"一带一路"沿线国家出口额增长 2.8%，也有美国经济学家在其研究报告"How much will the Belt and Road Initiative reduce trade costs?"中指出，"一带一路"交通基建项目，可使物流时间平均缩短 1.2%~2.5%，令全球贸易成本降低 1.1%~2.2%。更有研究发现，"一带一路"项目可使全球实际收入增长 0.7%~2.9%。这些数据均显示出，来自中国的投资对"一带一路"沿线国家具有正向经济效应，是发展馅饼而非债务陷阱。

中国外交部和不少中国学者也曾多次驳斥有关中国债务陷阱外交论。如中国外交部发言人汪文斌在 2022 年 7 月曾引用世界银行的数据称，在 49 个有数据可查的非洲国家共计 6 960 亿美元的外债当中，借自多边金融机构和不含中国的私人金融机构的总债务，达到债务总量的约 75%。西方私人机构的贷款平均利率几乎是中国金融机构贷款利率的 200%。这些事实和数据都证明，所谓中国债务陷阱论纯属虚假信息。

笔者从事"一带一路"研究多年，也曾对中国债务陷阱外交论进行过详细的研究，除了得出"一带一路"项目是"馅饼"而非"陷阱"的结论外，还在研究过程中发现四个有趣的现象。

其一，炒作中国债务陷阱论的沿线国家政界人物最终选择加强与中国的合作。不少"一带一路"沿线国家的在野党为了赢得选举，将有关中国债务陷阱外交论当作政坛博弈工具，借中国贷款问题向政治对手发难，以此获取选票赢得大选。但这些在野党上台之后，犹如川剧"变脸"般迅速向中国贷款和吸引中国投资。类似情况曾先后在斯里兰卡、马来西亚等国的政府更迭中出现过。例如，马哈蒂尔 2019 年赢得马来西亚首相宝座之后，不仅一改此前强烈批评中国债务陷阱外交的态度，还成为全球第一位确认出席第二届"一带一路"国际合作高峰论坛的国家首脑，并恢复了 2017 年中止的东海岸铁路项目和中国城项目。马哈蒂尔还高度评价该项目将成为全球枢纽，进一步吸引全球金融、技术和创业公司。

其二，中国对沿线国家的投资注重长期经济收益。与不少西方国家政党频繁轮替、新政府上台之后对原政府签署的对外协议不予承认相比，中国政府对沿线国家政府的合作承诺无疑是长久的、统一的，更能增强沿线国家的信心。尤其是基础设施投资回报周期长，短期内较难盈利，因此中国对沿线国家的投资更注重双方的长期经济收益。例如，据印度尼西亚官方预计，由中国在印尼投资兴建、造价约达 80 亿美元的雅万高铁路线，在未来 40 年可创造超过 231 亿美元的收益，不但中国与印尼双方获得的回报远高于投资成本，而且中国政府还能与印尼展开多领域的合作。因此，即使在当前充满挑战的国际形势下，中国与印尼的经贸关系仍逆势发展。在 2021 年，双边贸易额达 1 244.3 亿美元，同比增长 58.6%，创历史新高。自 2019 年起，中国已成为印尼第二大外资来源国，除了投资基建项目外，中资企业在印尼的投资还涵盖了电力、矿产、汽车制造、新兴的互联网产业以及金融等领域。

其三，债务国家向中国贷款修建基建设施，长远目的是向西方还债。目前"一带一路"项目投资之中，约 70% 集中在基础设施建设领域，其他 30% 的项目投资则集中在能源、健康产业、创新技术产业和旅游等领域。"一带一路"沿线国家之所以向中国贷款搞基建，其中一个重要目的是发展经济以偿还西方国家、多边金融机构此前的债务。国际公认，增加基建能够提升经济效益、增加政府收入。例如在美国，拜登政府推出了一项规模逾 1.2 万亿美元的基础设施计划，希望以此刺激美国经济复苏、带动美国经济增长。中国也曾通过举债的方式兴建大量基础设施，不仅为经济腾飞奠定坚实基础，也成功推进和拓展了中国式现代化。

"一带一路"沿线国家的基础设施建设贷款，被欧美国家和商业银行拒之门外，反而是中国愿意对沿线国家伸出援手，向这些国家提供人民币等币种的贷款，并提供中国技术、中国标准协助沿线国家建设基础设施，以此推动经济发展和政府税收增加，这才令沿线国家政府有更多的资金去偿还西方国家、多边金融机构的外债和推动国内社会民生发展。

而且，中国还与不少沿线国家签订了货币互换协议。由于现在大部分国家的货币都不是国际通行货币，当不同国家之间的企业进行双边贸易时，要先将本国货币兑换成美元或欧元等，交易程序较为复杂，且要承受汇率风险。一旦双方国家签订货币互换协议，两国企业便只需兑换一次货币，无须先兑换成美元再交易，这有助于降低交易成本和汇率风险。尤其是近年随着各国去美元化步伐加快，世界各国为了减少美元外汇储备，多数是与其他贸易国签订货币互换协议，各自承诺提供货币的互换额度，以方便两国企业进行贸易结算。

自 2013 年"一带一路"倡议提出以来，中国与沿线国家签订的双边本币互换协议逐年增多。截至 2021 年，中国已经与全球 39 个国家和地区签署了货币互换协定，按国家（地区）数量来计算，人民币是世界第一大互换货币，规模已经达到 3.47 万亿元。通过与这些和中国经贸合作较多的"一带一路"沿线国家签署货币互换协议，人民币在贸易结算中的使用得到进一步推广，由此降低了汇兑成本，便利了中外跨国企业的贸易和投资，降低了跨境商业活动的货币风险，也促进了人民币国际化进程。

其四，美联储持续大幅度加息和新冠疫情袭击，对沿线国家的债务管理和治理才是真正的挑战。美联储近期激进加息，令有较高美元债务存量的沿线国家出现债务危机，加之在新冠疫情的冲击下，各国经济普遍下滑，财政收入减少，加重了其债务负担，部分国家甚至还陷入严重的经济危机，它们在承受危机的同时还要偿还外债，压力巨大。

　　公开数据显示，许多存在债务风险的沿线国家的债权主体多元，包括欧美国家、日本、世界银行与国际货币基金组织等，中国并非出现债务风险国家的唯一债权人和主要债权人。因此，部分西方国家与其颠倒黑白地胡乱指责中国进行债务陷阱外交，不如将精力放在如何提升债务国家应对债务问题的能力，以及加强各国在国际债务治理上的磋商合作，为各国的债务解决提供系统性、综合性的方案上，着力协助这些国家实现经济恢复和提升发展能力，这才是长久之计。

　　"进化论之父"达尔文（Charles Darwin）曾说，最终能生存下来的物种，不是最强的，也不是最聪明的，而是最能适应变化的物种。推动"一带一路"高质量发展的投资项目中，中国贷款利率或许不是全球最低的，中国制造技术或许不是全球最强的，但中国的投资项目，或许才是最适合促进沿线国家经济发展的投资项目。

8. 中欧班列成为新通道

自新冠疫情发生以来，国际海运、空运航线广受影响，尤其是欧亚地区大面积停航断航，导致全球经济和供应链遭受严重影响。作为"生命之路"的中欧班列，以其安全快捷、绿色环保、成本较低、受自然环境影响小等优势，日益广受青睐。中欧班列作为国际运输服务体系的重大创新项目，是"一带一路"沿线国家承接空运、海运转移货源的重要载体，也是各国进行货物运输、防疫物资保障的大通道，它推进了国际产业链供应链多元化，全力保障了国际物流供应链畅通。同时它也推动了中国与"一带一路"沿线国家的经贸发展、推动了人民币国际化水平提升。

中欧班列是由中国铁路总公司组织，按照固定车次、线路、班期和全程运行时刻开行，运行于中国与欧洲以及"一带一路"沿线国家间的集装箱国际铁路联运列车。作为共建"一带一路"的旗舰项目和标志性品牌，中欧班列自 2011 年开行以来，已成为广受欢迎的国际公共产品。与海运和空运等渠道相比，陆路交通为畅通物流提供了新的渠道选择。中欧班列不仅破除了各地新冠疫情防控带来的物流阻塞，而且在新冠疫情防控中运送紧急的防疫物资之时发挥了重要的作用，有效地推动了中欧沿线国家开展抗疫合作，助力经贸畅通和国际经济交流。

公开资料显示，中欧班列从第一年开行不足 20 列，到 2020 年开行 12 400 列，再到 2022 年 7 月单月开行量首次突破 1.5 万列大关。截至 2022 年 7 月，中欧班列已有 82 条运输线路，通达欧洲 24 个国家 196 个城市，运输服务网络覆盖了欧洲全境。在未来，中国政府将进一步加快新一轮高水平对外开放的步伐，通过中欧班列这一"钢铁驼队"，加大与欧洲国家、中欧班列沿线的"一带一路"国家经贸往来。尤其是中欧、中亚班列及其多种方式联运体系，正成为欧亚非大陆贸易的大通道。这不仅增强了中国与沿线国家的经贸合作，也促进了越来越多欧洲、中亚国家与中国签订人民币清算和结算协议。

在当前，在跨境运费结算支付中，汇率波动、财务成本不可控等成为各国企业的难题。对此，2022 年 4 月，中国人民银行、国家外汇管理局出台的《关于做好疫情防控和经济社会发展金融服务的通知》提到，金融机构要及时响应外贸企业等市场主体的汇率避险需求，支持企业扩大人民币跨境结算，优化外汇衍生品业务管理和服务，降低企业避险保值成本。因此，越多国家与中国签订人民币清算和结算协议，越能推动跨境人民币支付业务的发展，就越能有效帮助各国企业规避汇率风险、降低经营成本和增强支付便利性，越能促进人民币国际化。

另外值得关注的是，除了中欧班列，我国在布局内外联通的物流网络市场方面，还应在以下两个方面加大建设力度。一方面，要积极推进我国自贸港、自贸区的物流智能系统建设、物流基础设施建设，推进以智能仓储及工厂等新一代技术为支撑的智慧物流蓬勃发展，进一步提高物流行业的服务水平，为智慧物流发展营造良好的市场环境。另一方面，可考虑组建适合以国内大循环为主体、国内国际双循环相互促进的新发展格局的区域物流联盟合作平台，加强区域间的合作，建立区域连接机制，推动海南自贸港和粤港澳大湾区组建超级物流发展联盟。

陆海新通道建设后，降低了物流运输成本，这将有利于内贸的发展。东部地区很多产业都要转移，如果通道不顺畅，就会转移到东南亚国家。西部地区不仅要引进外国企业，也要引进东部企业。当前，中东欧经济发展放缓，很多欧洲国家把目光转向了中国。我们推动西部的陆路通道建设，会进一步促进和中东、中东欧国家的合作，未来前景广阔。不管是中国去这些国家投资基建，还是把国外的产品输入中国，都可以促成共赢的局面。

同时，粤港澳大湾区和海南自贸港合作打造区域物流联盟，将有利于区域合作。在"十四五"期间，我国将进一步加强高铁货运和国际航空货运能力建设，加快形成内外联通、安全高效的物流网络。如果自贸港和大湾区组建区域物流联盟，可以将储存、包装、装卸、流通、加工、配备等集于一身，以加强区域间的合作，形成以国内大循环为主体、国内国际双循环相互促进的新发展格局。

香港则可以发挥在供应链管理以及相应的专业服务领域的独特优势，包括成立海事法庭、仲裁与调解中心以及提供航运金融保险等服务。香港还可以协助自贸港、大湾区成立国际物流发展银行。该银行不仅能为区域物流联盟提供融资服务，也能开拓国际物流供应链金融业务。通过扩大与自贸港、大湾区乃至各地物流公司的电子化系统合作，这个银行可以完善供应链信息系统，实现对供应链上下游客户的内外部信用评级、综合金融服务、系统性风险管理，从而提升国内物流企业的国际竞争力，打造现代物流体系。

通过自贸港、大湾区铁路班列、高铁、公路、港口、机场的联动，区域物流联盟可以促进"丝绸之路经济带"与"21世纪海上丝绸之路"的无缝对接，推动构建"一带一路"新通道、新贸易平台。这不仅会增强中国在国际物流业界的国际影响力和话语权，也能为“一带一路”相关国家应对未来挑战、实现共同发展做出更大贡献。

9. "一带一路"国际金融治理渐成体系

习近平主席在第二届"一带一路"国际合作高峰论坛开幕式上指出,全球化的经济需要全球化的治理。规则和信用是国际治理体系有效运转的基石,也是国际经贸关系发展的前提。中国积极支持和参与世贸组织改革,共同构建更高水平的国际经贸规则。中国将加强同世界各主要经济体的宏观政策协调,努力创造正面外溢效应,共同促进世界经济强劲、可持续、平衡、包容增长。

习近平主席的讲话,为构建"一带一路"国际金融新治理体系奠定了基础。金融是现代经济的血液,中国要为世界经济增长挖掘新动力,尤其是要推动"一带一路"沿线国家的经济发展,未来需要有更强大的金融力量以及完善的国际金融治理体系作支撑。

但是,当前的国际金融治理体系,不但不能与时俱进,而且还影响了全球经济的复苏和发展。对此,我们亟须建立一个更加公平、开放、透明的"一带一路"国际金融新治理体系,来适应经济发展的最新要求。

在全球金融市场上,越来越频发的金融动荡和危机,暴露出当前全球金融体系在金融监督和管理等方面的弱点。西方国家推行的量化宽松政策常遭各国诟病,以美国为首的西方国家央行印发过量的美元、日元等国际货币导致其货币流动性泛滥,引发热钱冲击国际市场资金流通稳定性及其他国家货币政策的独立性。

这不但扰乱了国际金融市场秩序，而且影响了全球经济复苏。更严重的是，旧的危机还没处理，新的危机又出现，因为西方国家的量化宽松政策引发多国央行跟随，令全球各地金融系统高度同质化，这实际上增强了金融风险的关联性，从而增加了市场整体脆弱性。

并且，从当前的经济金融体系来看，虽然有世界银行、国际货币基金组织、世界贸易组织、金融稳定理事会、经济合作与发展组织等国际经济金融治理组织，但它们彼此之间缺乏分工，其功能也出现重叠，且随着新兴经济体不断发展，各组织的代表性、前瞻性均未能与时俱进。

面对上述情况，全球亟须建立新的国际金融治理体系。中国正与各国一道建立一个更加公平、开放、透明的"一带一路"国际金融新治理体系。此体系不但要增强新兴国家金融和货币如人民币在国际金融体系治理中的话语权、影响力，而且要推进金融科技、绿色金融等金融新产品的规则制定，以此加强金融体系的国际协作、加强全球金融安全网，满足新时代全球金融发展和全球金融治理的要求。

其一，随着新型经济体的持续发展，区域型银行已逐渐崛起。区域间的金融活动也越来越多，区域性银行对全球金融体系的影响逐渐扩大，因此增强新兴国家金融尤其是中国金融和人民币在国际金融体系治理中的话语权、影响力，也是完善全球金融治理体系的重要一环。

由中国倡议设立的国际开发性金融机构，包括金砖国家新开发银行、亚洲基础设施投资银行、亚洲金融合作协会等，有助于中国和各国在财金领域的互联互通及合作，从而共同维护全球金融稳定。尤其是它可通过中国庞大的外汇储备、雄厚的经济实力和稳定的人民币汇率，发挥"定海神针"的作用，以减轻全球金融体系未来可能遭遇的冲击。此外，中国倡议设立的上述金融组织，也是对世界银行、国际货币基金组织和亚洲开发银行等现有国际开发性金融机构的有益补充。中国作为倡议方，既有现存的平台，又有新的发挥作用的平台，更有利于全球金融治理的改善和强化。

其二，互联网迅速发展衍生出金融科技，带来了新的金融产品，绿色金融的发展成为大势所趋。近年来，科技创新与传统金融业务相结合，形成了新一轮金融科技发展浪潮，移动支付、数字货币、大数据征信等新金融逐步兴起。面对金融业的新情况、新的交易模式和市场游戏规则，目前全球金融治理体系未能与时俱进，大多仍停留在传统的金融市场和产品，未来金融治理体系的国际协作必不可少。中国将与各国相互合作、协调，在金融监管制度、监管框架、法律框架等方面加强对金融科技、绿色金融和移动支付、数字货币、大数据征信等新金融的监管与引导，使之满足促进全球金融发展、完善治理的新需要。

要推进"一带一路"建设，推动各国经济发展，避免出现系统性金融风险，就需要建立一个更加公平、开放、透明的"一带一路"国际新金融治理体系。各国通过推动各国际金融组织同心协力、加强合作、推动国际经济和金融治理体系的改革，共同降低国际经济、金融危机爆发的频率，从而进一步完善全球金融治理体系，为全球经济发展、崛起提供重要支撑。

第三章

人民币国际化的前景：
探索多赢路径

　　尽管当前以美元为主导的国际货币体系存在一系列内生缺陷，并受到货币竞争和外部冲击的影响，但美元仍然具有强大的制度惯性。

　　借助粤港澳大湾区和海南自贸港的制度优势，进一步推进人民币国际化，以及大力发展数字人民币，可以在相当程度上克服国际社会使用美元的制度惯性，更有望成为国际货币体系变革的助推器，为人民币国际化带来新前景。

1. 人民币越来越受国际市场欢迎

笔者认为，人民币国际化其实有一条清晰的路线图：中国先与足够多的国家和地区接触，然后与它们发展友好关系，进而产生商品与服务的交换，构建更多的人民币使用场景，最终顺理成章地实现人民币国际化。在这个过程中，"一带一路"的新征程将发挥更大的推动作用。

环球同业银行金融电信协会（该组织管理 SWIFT——当今世界最主要的国际资金清算系统）于 2022 年 11 月 18 日发布的人民币月度报告和数据统计显示，2022 年 10 月，在基于金额统计的全球支付货币排名中，人民币占据全球第 5 大最活跃货币的位置，占比为 2.13%。而在 2010 年 10 月 SWIFT 开始追踪相关支付数据时，人民币的排名仅为第 35 名，12 年来位置提升明显。人民币在国际社会之所以越来越受欢迎，尤其是人民币占国际支付的比例显著提升，笔者认为，至少有以下四个主要外因（同时也与中国人民银行因应最新国际形势，采用了与时俱进的人民币国际化策略相关）。

其一，中国经济稳步增长赢得国际信心。尽管新冠疫情造成全球经济波动，但中国经济维持稳定增长，同时中国占全球 GDP 份额、占全球贸易份额不断上升，所以全球央行和国际投资者普遍看好中国经济的前景，他们"超配"人民币资产的热情持续增长。截至 2021 年年底，境外投资者托管的中国债券总额超 4 万亿元，其中在香港中央结算有限公司持有债券额达

3.68 万亿元。相较于 2020 年末，2021 年全年境外机构增持银行间市场债券近 7 500 亿元，算上 QFII、陆股通、北向通，外资持仓中国资产额超过 7 万亿元。

其二，俄罗斯增加使用人民币。随着中俄经贸合作的加深，俄企业提升了对人民币的使用量。不仅俄罗斯天然气工业石油公司在 2022 年初已决定接受人民币，作为在中国机场为俄飞机加油的支付方式，俄罗斯一些大公司也开始发行人民币债券。2022 年 8 月，在香港和莫斯科上市的俄罗斯铝业联合公司首次在俄罗斯发行人民币债券，募集 40 亿元人民币资金。同月，俄罗斯最大的黄金生产商 Polyus 发行总价值 46 亿元人民币的债券。而且，俄罗斯公民还可以在俄罗斯的 14 家银行开通人民币存款账户，俄罗斯部分银行在 2022 年 12 月初还提高了人民币的存款利率，达到了 1.5%，客户存入的卢布或是美元可以按照开户当天的外汇利率自动兑换成人民币。

改用人民币结算和发行人民币债券的行为，一方面可看作俄罗斯主观上希望通过去美元化反对西方制裁的一种手段，另一方面则缘于这在客观上可以提升人民币在国际市场上的吸引力。2022 年 7 月，SWIFT 的一份人民币追踪报告显示，俄罗斯在人民币离岸支付数量最多的经济体中排第 3 位，仅次于中国香港和英国。

其三，由于俄乌冲突，美国等西方国家对俄罗斯的制裁牵扯到了金融制裁与能源制裁，世界各国对美元主导的体系越来越缺乏安全感。相比之下，人民币则日益凸显"避风港"和"稳定剂"的作用，多个国家已把人民币作为第三方货币，且国际市场普遍预计 2023—2025 年，中国仍将推出相对宽松的货币政策，中国外汇储备规模也将稳中有升——二者均会增强国际市场对继续持有乃至增持人民币资产的信心。

因此，包括俄罗斯、巴西、阿根廷、越南、蒙古、老挝、尼泊尔、吉尔吉斯斯坦、哈萨克斯坦、马来西亚、白俄罗斯、印度尼西亚、土耳其、巴基斯坦、尼日利亚、伊朗、阿尔及利亚等在内的多个国家，都已经在 2022 年大力拓展人民币跨国结算贸易，将人民币作为第三方货币。例如，2022 年俄罗斯化肥企业在同巴西进行交易时便使用了人民币结算。这标志着人民币国际化已经进入一个新阶段。

其四，部分产油国开始使用人民币进行石油交易结算，助力人民币发挥石油货币的作用，其国际地位逐步向石油美元靠拢。究其原因，一是随着中国经济稳健增长令原油需求日益加大，部分产油国采取对中国开展石油贸易时使用人民币结算的措施，有助于扩大对中国的石油贸易规模；二是随着国际风险事件升级，越来越多的国家采取贸易结算货币多元化策略，摆脱贸易过度依赖美元计价的局面。此举同样有助于推动人民币进一步国际化。

国际货币基金组织（IMF）执董会于 2022 年 5 月完成了五年一次的特别提款权（Special Drawing Right，SDR）定值审查，并将人民币权重由 10.92% 上调至 12.28%，这是 2016 年人民币成为 SDR 篮子货币以来的首次审查。公开资料显示，SDR 也叫作"纸黄金"，主要用于 IMF 成员以及国际金融组织等官方机构之间的交易，包括使用 SDR 换取可自由使用货币、使用 SDR 向 IMF 还款、支付利息或缴纳份额增资等。

这一关键权重的上调，体现出人民币"入篮"以来国际地位的上升，也是人民币国际化的一大进展。未来的国际货币基金组织、国际清算银行、世界银行等将根据最新货币权重进行资产配置，这有助于增强人民币资产的吸引力，进一步提升人民币作为全球储备货币的地位。此举也会令不少根据 SDR 货币权重进行资产配置的其他国际投资机构提高对人民币资产的配置比例。

随着国际化进程的不断向前，人民币越来越受国际市场的重视，越来越多的国家增加外汇储备里的人民币比重。例如，在2017—2021 年，拉丁美洲国家增加了约 300 亿美元的人民币储备，2022 年 2 月以色列也增加逾 10 亿美元的人民币储备。

又例如，截至 2021 年年底，中国人民银行累计与超过 40 个国家和地区的中央银行或货币当局签署过双边本币互换协议，在8 个国家建立人民币清算安排。因此，相信随着中国经济持续稳步增长，国际市场对人民币在国际贸易、投资和储备方面的需求将持续增加。

值得一提的是，2022 年 7 月，中国人民银行与香港金融管理局签署了常备双边本币互换协议，这是中国人民银行第一次签署这类常备互换协议。作为全球最大离岸人民币业务枢纽的香港，要处理全球约 76% 的离岸人民币结算业务，相信在该常备互换协议之下，香港未来可以在人民币国际化进程中更加主动发挥"香港所长、国际所需"的作用，继续助力人民币国际化。相信在香港的示范效应下，将会有越来越多的国家和地区的央行，与中国人民银行签订常备双边本币互换协议。

除了上述外因，人民币在国际市场越来越受欢迎也与中国人民银行采取的多个策略有关。根据中国人民银行最新发布的《2022 年人民币国际化报告》大事记［详见本书附录：人民币国际化时间表（2009 年 1 月—2022 年 7 月）］，中国人民银行从2009 年开始推动人民币国际化至今，根据不同的时期、局势，采取了三种不同的策略。

2009—2017 年，中国人民银行主要采取了如下动作：①推动跨境贸易与直接投资的人民币结算；②推动离岸人民币金融市场发展；③推动与其他国家和地区签订双边本币互换协议，以此提升人民币国际化水平。

2018年1月—2022年2月俄乌冲突之前，中国人民银行主要采取了如下动作：①推动原油期货交易的人民币计价；②向外国机构投资者开放中国的金融市场；③大幅加大中国与"一带一路"沿线国家在货物贸易和直接投资领域的人民币结算份额，以此推进人民币国际化进程。

在2022年2月俄乌冲突爆发、新冠疫情冲击等的新局势下，出现了国际市场倒逼加快人民币国际化的趋势，中国人民银行主要采取了如下动作：①大力发展人民币跨境支付系统（CIPS），以加快人民币跨境支付系统建设；②进一步推动跨境大宗商品交易的人民币计价与结算，尤其是以原油、铁矿石、粮食、橡胶等大宗商品和境外承包工程等重点领域，以及一些重点企业为突破口，培育国际市场继续以人民币结算的习惯；③加快人民币成为他国与多国贸易结算第三方货币的进程，进一步提高人民币跨境资金的清算、结算效率，加大向外国政府、投资机构提供人民币计价金融资产的力度，以此顺应国际市场对人民币日益增加的需求，进一步推进人民币国际化。

未来，随着外部环境的变化，尤其是中国国内逐步开放资本账户和金融市场，相信中国人民银行还会继续推出更新、更多的人民币国际化策略，例如积极参与多边央行数字货币桥（m-CBDC Bridge）合作，探讨打造独立于现有SWIFT系统的基于数字货币的国际支付清算体系（后文将详细介绍），以顺应时局的发展，推进人民币国际化。

因此，我们有理由相信，人民币国际化水平未来将有序、稳步提高，10 年左右，也就是在 2032 年左右，人民币有望成为仅次于美元、欧元的世界第三大国际货币，届时人民币在国际支付中的占比有望从 2022 年的 2.13%上升至 2032 年的 6%左右。

2. 粤港澳大湾区创新科技为人民币国际化助力

数字货币已经成为国际货币竞争特别是大国货币竞争的重要领域。数字货币的出现给了非美元货币角逐国际金融市场的机会。随着数字人民币的崛起和由数字人民币串联的新型区域经济力量的不断增强，数字人民币将成为加快人民币国际化进程的重要动力。粤港澳大湾区金融业实力雄厚，人民币国际化水平非常高。尤其是自 2020 年起，人民币成为粤港澳大湾区第一大跨境结算币种，香港更担当起离岸人民币业务枢纽的角色。因此，大可通过发挥大湾区的优势，进一步推动数字人民币的发展，从而加快数字人民币国际化进程。

随着网络技术和数字经济蓬勃发展，不少国家和地区的中央银行或货币当局紧密跟踪金融科技发展成果，积极探索法定货币的数字化形态。近年来，美国、英国、法国、加拿大和瑞典等国央行及欧洲央行以各种形式公布了关于央行数字货币的计划，有的已开始甚至完成了初步测试，法定数字货币开始加速从理论走向现实。

为了满足国内零售支付需求，提升金融普惠水平，提高央行货币发行和支付的效率，以及更加积极把握数字经济发展趋势，中国高度重视法定数字货币的研发，自 2019 年末以来，在深圳、苏州、雄安、成都及 2022 年北京冬奥会场景开展数字人民币试点测试；2020 年 11 月开始，继续增加上海、海口、长沙、西安、青岛、大连 6 个新的试点地区，更大范围地评估数字人民币在中国不同区域的应用前景。如今，数字人民币的应用场景不仅囊括了交通出行、生活缴费、文娱旅游消费、商圈零售、外卖购物等传统消费场景，还积极涉足就医购药、信贷资金发放、退税资金返还等更多场景。根据中国人民银行发布的《扎实开展数字人民币研发试点工作》，截至 2022 年 8 月 31 日，15 个省（区、市）的试点地区累计交易笔数达 3.6 亿笔，金额达 1 000.4 亿元人民币，支持数字人民币的商户门店数量超过 560 万个。

数字人民币具有节省大量资源、降低成本、交易便捷和离线支付等众多优势，目前在全国受到广泛的关注。未来数字人民币要走出国门、走向世界，可通过发挥粤港澳大湾区尤其是作为国际金融中心的香港的优势的路径。

这样的预测，是基于粤港澳大湾区具有"一国两制三种货币"的先天优势：金融上具有境内（广东）、境外（香港、澳门）两个金融市场的优势，既在中央政府的统一管辖之内，又包含跨境和自治的区域，从而为跨境支付和跨境金融交易提供了真实应用场景，而且无须进行国际谈判，大大降低了跨境项目运作的难度和风险，可以开展多形式的人民币国际化探索，是中国以数字人民币发展和应用推进人民币国际化进程的独一无二的理想试点地区。具体可至少在以下两个领域发力。

其一，连接数字港元与数字人民币，实行"双币钱包"。香港当前设有"转数快"快速支付系统，香港的"转数快"电子支付平台，连接不同的银行及储值支付营运商。截至 2022 年 8 月底，"转数快"已办理 1 090 万个登记。使用量也持续稳定增长，例如 2022 年 8 月平均每天处理 92.8 万宗实时交易，目前支持港元及人民币两种货币，其中港元交易的交收机构为香港金融管理局，人民币交易的交收机构为中国银行。

　　未来可以继续探索数字人民币系统与香港本地"转数快"快速支付系统的互联互通，以"双币钱包"的方式，满足香港当地居民和商户的港币结算需求。

　　其二，更加积极地参与国际数字货币规则制定。作为国际金融中心，香港可发挥自身优势，进一步参与"多种央行数字货币跨境网络"实验，为"多种央行数字货币跨境网络"未来的管治和标准制定更加符合中国利益的运行规则。

　　据了解，香港在有关方面的工作主要集中于批发层面的央行数字货币，尤其是跨境应用方面。香港的央行数字货币项目被视为全球最成熟的批发层面央行数字货币项目之一。香港金融管理局于 2017 年推出 Project LionRock，开展有关央行数字货币的研究，其后于 2019 年与泰国中央银行合作研究有关银行及企业以央行数字货币进行跨境支付的事宜。

　　随着国际结算银行创新枢纽（BIS Innovation Hub）、中国内地和阿拉伯联合酋长国于 2021 年 2 月的加入，有关项目扩展为"多种央行数字货币跨境网络"。该网络利用分布式分类账技术，开发概念验证原型，以支持多区域情况下的跨境同步交收外汇交易，未来很有可能发展成为一个独立于现有 SWIFT 系统的基于数字货币的新的国际支付清算体系。

3. 新时代的香港或成全球最大离岸人民币枢纽

香港在 2022 年 11 月初成功举办了国际金融领袖投资峰会，吸引了包括 100 多家全球主要金融机构负责人在内的约 200 名国际金融界领袖应允出席，充分显示出香港国际金融中心仍极具魅力。这次投资峰会，集中讨论全球金融界面临的三大挑战及机遇（分别为滞胀风险、利率上升带来的不确定性，日趋复杂的地缘政治，以及新冠疫情持续影响造成的叠加风险）。

令香港各界鼓舞的是，虽然全球持续遭新冠疫情冲击，但此次峰会仍然吸引了包括摩根士丹利、花旗银行、汇丰控股、渣打银行，以及高盛、摩根大通等在内的国际金融机构的约 200 名高层人员出席会议。国际金融领袖纷纷应允前往香港出席峰会，相信至少有如下三个原因：一是香港通过加速向国际开放，已稳步恢复正常，回归作为国际金融中心的"本色"；二是国际金融领袖们希望实地了解和感受香港在港区国安法、新选举制度出台之后的金融、经济和社会等领域的新变化，以及捕捉新投资机遇；三是他们相信中国内地未来充满投资机遇，希望继续通过香港这个平台投资中国内地。

对于国际金融界而言，投资香港并不仅仅是因为中国的国家"十四五"规划和粤港澳大湾区发展给香港所带来的庞大投资机遇以及投资香港能够得到可观的回报。更为重要的是，香港股票市场乃唯一能够投资中国内地的国际化市场，国际金融界投资在港交所上市的中国内地企业，相当于投资中国内地，以此分享中国内地经济稳步发展所带来的巨大红利。

因此，几乎囊括全球顶尖金融机构的重量级金融领袖赴港出席金融峰会，这对香港的意义非常重大，不仅反映出他们对香港作为国际金融中心继续保持信心，更显示出国际金融界继续看好中国未来的发展前景。

香港理想的未来状态是与世界进行"物理通关"，向世界真正开放，恢复到新冠疫情前与世界密切交流的状态的同时，与内地进行"软通关"，推动两地的人才、资金、信息等生产要素跨地区流动，让对接更加通畅——这既可以给国际金融界提供投资中国内地的平台，又能给香港带来更多元的国际资金，巩固和发展香港作为国际金融中心的地位，还能继续扮演中国内地国际融资中心的角色，满足内地相关产业更多的融资需求，以此支持内地的经济发展。正所谓"大河有水小河满"，内地经济持续稳步发展，将进一步推动香港市场繁荣及社会的全面发展。同样，这也能够为人民币国际化提供极为有利的应用场景从而产生推动作用。

相信借助"一国两制"的优势，香港未来作为国际资本进入内地、国内资本走向世界的桥梁的作用将更加突出。在新的国际形势下，香港若要进一步增强对国际投资者、国际金融市场的吸引力，发挥"国家所需、香港所长"作用，未来不仅需要向国际更加开放，改革步伐也应迈得更大一些，可考虑在以下几个领域继续发力。

其一，放宽上市标准，发展成为国际科技集资中心。自港交所于2018年推行第18A章的生物科技公司上市新标准之后，香港在短短三四年时间已发展成为亚洲第一大、世界第二大生物科技集资中心。随着近年来大量新兴领域的科技公司不断涌现，且都处于技术攻坚和业务拓展的关键期，资金需求量大。港交所可参考第 18A 章有关生物科技公司的上市标准，降低对前述新兴领域公司的上市财务要求。因为相较而言，美国金融市场对上市申请人的财务要求非常宽松，为大量早期的优质科技公司提供灵活、多层次的融资渠道，孕育并推动众多全球知名的科技公司诞生。香港可参考美国做法，通过改进现有标准，吸引包括"一带一路"沿线国家在内的各国科技公司前来上市。

其二，推动发展成为国际债券发行中心。过去 10 年，香港已经超越多个亚洲以外的金融中心，成为亚洲国际债券发行最主要的安排地点。国际资本市场协会（International Capital Market Association，ICMA）发表的最新报告显示，香港在 2021 年安排了 34% 的亚洲国际债券发行，而美国、英国和新加坡则分别安排了 22%、17% 和 5%。在过去 5 年里，有 71% 的亚洲首次国际发行在香港安排执行。在亚洲国际绿色和可持续债券安排量方面，香港同样位居榜首。对此，未来若能更加突出香港的债券发行角色，相信香港发债规模在国际市场的份额将越来越大，香港未来很有可能发展成为国际债券发行中心，香港作为国际金融中心的地位也将得到巩固。

其三，香港交易所降低交易成本，吸引更多国际投资者继续投资香港。香港交易所是全球交易成本较高的主要市场之一。加上港股之中有部分上市公司是在 A 股或美股市场二次上市或双重上市的，对这两地市场而言，A 股只收卖出一方 1‰ 的印花税，美股则不征收印花税，因此不少国际投资者为节约交易成本，更倾向于交易 A 股或美股。在这种情况下，香港特区政府可考虑改革股票的印花税税率，吸引更多国际投资者参与香港股市的投资。

其四，吸引更多熟悉内地事务的金融人才前往香港。金融业的发展离不开人才，香港特区政府除了加大资源投入、着力培育本地金融才俊以及吸引国际人才之外，还应考虑通过吸引在内地政府金融部门工作的人才，前往香港特区政府的金融部门任职、挂职，尤其是通过两地金融部门官员的交流，让香港更好地把握内地相关金融政策，了解内地巨大、潜在的金融发展机遇，从而推动香港金融市场蓬勃发展。

其五，加快推动港股通南向引入人民币计价的措施出台。港股通目前实行港元计价、人民币交收和结算。如能加快推动人民币港股通，部分港股尤其是赴港上市的中概股以人民币计价，不仅可以吸引更多内地资金在香港沉淀，巩固香港作为国际人民币离岸中心的地位，还有助于改善港股流动性和成交活跃度，而且推动人民币计价有利于稳定港股的价格，帮助港股适应国际金融市场愈趋复杂、多变的环境。此举还将助推人民币国际化进程，对于国家和香港金融市场的长期发展都大有裨益。

相信在新的国际形势下，香港金融市场作为唯一能够投资中国内地的国际市场，在与世界"物理通关"的同时与内地"软通关"，以及对外加快开放速度，对内加大改革力度，继续主动寻变，将能巩固香港国际金融中心的地位，并以香港所长，服务国家所需，成为国内大循环的"参与者"和国内国际双循环的"促进者"，通过积极融入内地，享受国家稳定发展所带来的机遇和红利，也能为人民币国际化发挥香港的独特作用。

4. 香港与海南自贸港金融领域优势互补，共同创建双赢局面

中央政府于 2020 年 6 月印发《海南自由贸易港建设总体方案》，在部分产品零关税、税收优惠、通关便利、"极简审批"、跨境服务、金融业开放等方面提出 60 个政策亮点，以加快建设高水平的中国特色自由贸易港。之后，一些舆论提出，此时加快海南自由贸易港建设，是不是希望其承担或者部分取代香港的角色？

早在 2018 年《支持海南全面深化改革开放的指导意见》发布时，香港社会内部和一些外部观察人士就有一些担忧的舆论，担心海南建自由贸易港会威胁香港的地位，有"海南崛起、香港失势"的说法。但实际上，无论是《支持海南全面深化改革开放的指导意见》还是《海南自由贸易港建设总体方案》都说得很明确，准备将海南打造成有中国特色的自贸港，就像当年在深圳搞特区，没有想瞄准谁、平衡谁、取代谁，而是为我国进一步深化改革开放积累有益经验。

之所以选择在这个时候加快海南自由贸易港建设，从国家层面看，一方面是要寻找发展经济的突破口，另一方面是中国要积极应对国际贸易新秩序。如今，欧美经济持续低迷，国际经济话语权随之变弱，美国希望通过改变游戏规则来继续维持其在世界经济中的主导地位。在国际贸易新规则形成之前，中国积极设立海南自贸港是要避免在未来世界经济发展中陷入被动。

实际上，包括海南在内的中国主要自贸区、自贸港在金融业、服务业和消费领域的"人口红利"才刚显现。而且，预计未来 15 年，中国将进口超过 30 万亿美元的商品和 10 万亿美元的服务。在现阶段中国对外开放的大布局下，海南与香港作为两个主要的自贸港，就算有竞争，也是良性竞争，更多还是优势互补、协同发展。

香港和海南自贸港各有优势。香港的主要优势是资金自由兑换和出入境，以及可以在资本市场上做空对冲。海南自贸港加速金融市场开放，政策与以前相比大大放宽，外资可以在内地设独资的基金、证券公司，外资持股比例上限也放开了。对于外国投资者来说，希望短期回报高的会选择将金融部门设在香港；想进一步拓展中国内地的客户则可以更多考虑海南。在投资类别上，投资股票、固收产品等二级市场更适合在香港，而高科技风险投资机构更适合在海南自贸港。

除此之外，海南和香港差异化发展的道路还有不少。在这方面可以参考英国第二大金融中心爱丁堡的案例。现在，爱丁堡集中了全球最多的基金公司和最大的基金经理群，管理近 6 000 亿英镑的资产，以及全球超过 1 万亿欧元的保险金和养老金。爱丁堡之所以能形成如此规模的基金产业，与其和伦敦联系紧密但又保持一定距离有很大关系。青睐爱丁堡的基金有一大特点，就是以长期投资为主，既要与国际金融中心伦敦有紧密的联系，又要与市场的惊涛骇浪保持一定距离，而金融业按各自性质分流到一个国家的不同城市也可以大大降低金融风险。

海南自贸港建立以后，可以成为像爱丁堡一样与国际金融中心（香港）联系紧密却保持一定距离的自贸港。巧合的是，伦敦到爱丁堡直飞航班的时间与香港到海南的几乎一样。此外，海南自然环境、住房条件比较优越，众多国内外重点高校已经或者将在海南设校区，为海南提供了优质的人才和研究基础。这些优势都有可能吸引长期投资性质的基金公司，将业务从香港拓展到海南，并随着两地市场的互联互通进一步深入内地市场，让海南与香港在金融业方面相互借力发展。

绿色金融也可以是海南自贸港发展的方向之一。海南可探索谋划打造海上丝绸之路绿色金融中心，让"一带一路"沿线很多从事绿色产业的企业可以到海南发行绿色债券等进行融资。海南自贸港有很多便利条件，在设立国际能源、碳排放权等交易场所方面有十分可观的发展空间。同时，海南可探索推进绿色金融等金融新产品和规则制定，满足未来绿色金融发展的需求，以此来吸引人才、产业和技术。

如果可以把海南自贸港和香港的优势结合，推进两地联动，令外国投资者既投资香港，又投资海南，就可以既兼顾两地投资类别的特色，又可以兼顾短期利益和长期利益。这对海南、香港和外国投资者来说，是三赢，而且这样也有利于加快人民币国际化进程。

例如，海南省政府于2022年10月在香港发行了50亿元离岸人民币地方政府债券，这是首次由内地省政府使用香港的融资平台和专业服务发行债券。海南赴香港面向全球投资者发行债券，既扩大了海南债券市场对外开放水平，也为香港金融市场注入了活力，巩固了香港离岸人民币中心的地位。

而且，自从2021年6月十三届全国人大常委会第二十九次会议表决通过《中华人民共和国海南自由贸易港法》以来，香港对海南的关注度越来越高。这部法律对接国际高水平经贸规则，聚焦贸易自由便利、投资自由便利、财政税收制度、生态环境保护、产业发展与人才支撑等，在国家立法层面为海南自由贸易港建设做出一系列制度安排。笔者通过大数据分析发现，香港在一年之中（2021 年 6 月 10 日—2022 年 6 月 9 日）对与海南相关的新闻报道数量，达到 4.4 万篇，比上一年度增长约 27%，香港各界人士对海南的关注度愈来愈高。更有香港舆论呼吁，香港特区政府应向海南省政府学习如何扶持、发展产业。香港各界人士建议香港与海南合作的产业集中在金融、医疗卫生、会展、旅游、零售、珠宝、粮食和教育 8 大产业。大部分港人也相信，海南自贸港并不会取代香港，反而香港和海南如能加强合作，将创造共赢局面。

并且，从相关报道中可以发现，香港各界人士除了关注海南的产业发展情况、海南香港的合作情况和海南未来发展机遇之外，有舆论还呼吁香港应该向海南学习如何扶持、发展产业。

虽然自从海南自贸港实施"免税新政"以来，香港就出现不少忧虑声音，认为海南会取代香港"购物天堂"的地位，但通过分析上述人士的公开言论可以发现，他们认为海南的崛起不仅不会取代香港，而且能够与香港优势互补，对两地发展都大有裨益。

例如，全国政协副主席梁振英表示，香港作为"一国两制"下的自由贸易港，有着长期开放、参与内地改革和促进国际国内合作的丰富经验，可为海南自贸港建设提供借鉴，也可与海南优势互补，共同推进国家的全面开放。梁振英称，琼港合作将推动建设一个更开放的中国，而更开放的中国将进一步提升亚洲的合作水平，更大范围促进亚洲的共赢。

又例如，港区全国人大代表洪为民认为，自 2018 年香港交易所推出第 18A 章允许未有收入的生物科技公司赴香港上市以来，香港现已发展成为亚洲第一、全球第二大的生物科技集资中心，并造就了一批专注投资生命科技和大健康产业的基金在香港集聚。对大力发展大健康产业的海南自贸港而言，如果海南省能与这些基金展开合作，并吸引这些基金开设专门针对海南的引导基金，提供配套和绿色通道，这不仅可推动海南自贸港的大健康产业发展，也能巩固香港作为亚洲第一的生物科技集资中心的地位。

香港各界人士建议海南和香港未来的合作领域，从上一年度的金融、医疗卫生、会展、旅游、零售和珠宝等 6 大产业，增加至 2022 年度的金融、医疗卫生、会展、旅游、零售、珠宝、粮食和教育 8 大产业。这里面的每个行业机会都是人民币国际化使用的合适场景。

推进海南与香港在更多产业的合作，相信可为两地带来更多的发展机遇。以海南和香港进行教育合作为例，近年来全球高等教育领域的出口贸易已成为增长速度最快的产业，教育服务贸易的出口不仅可以为接受国和地区每年带来逾 300 亿美元的直接经济效益，还能带动相关上下游产业的发展，并增加更多的就业机会。

随着国际教育愈来愈成为名副其实的新产业、新经济增长点，正在推进国际教育创新岛建设的海南，如香港的大学能与之合作，通过在海南合办大学，乃至合作建设新的大学，以此吸引"一带一路"沿线国家的留学生，尤其是东南亚国家的留学生前往海南就读，相信海南和香港合作大力发展国际教育服务贸易，不但可借此推动海南本地经济发展、创造更多就业岗位，而且能为海南带来更多的自贸港建设人才，更能推动两地携手共同参与日趋激烈的国际教育市场竞争，将香港和海南打造成国际教育枢纽。

根据上述的分析，香港和海南还可在粮食领域进行合作。全球最大棕榈油生产国印度尼西亚在 2022 年 4 月曾一度全面禁止棕榈油出口，对棕榈油产品整体价值链带来震荡。禁令导致国际粮油价格大幅攀升，甚至对全球粮食安全带来挑战。作为世界第二大棕榈油消费国的中国，其海南自贸港有"种业硅谷"美称，海南棕榈树新种植技术如果得到推广，并"走出去"到更多"一带一路"沿线国家，不但可保障中国及全球油料供应，更将提升中国在国际粮油领域的影响力和话语权。

香港作为国际金融中心，若能发挥"国家所需、香港所长"，利用金融业优势推动与海南自贸港合作成立"粮食银行"，为种植产业提供高质量的信贷、保险、信托、融资租赁等金融服务，可为保障中国乃至全球粮食安全提供强大的助力。

棕榈油是世上生产、消费和交易最多的食用油，通常被用于制作食用油、食品、清洁产品、化妆品、生物燃料和其他产品。全球超过半数的棕榈油供应来自印度尼西亚，马来西亚则占约 40% 的全球供应量。由于国际市场上棕榈油价格高于印度尼西亚国内市场，印度尼西亚不少棕榈油生产商为获取更高的利润增加了出口，最终导致全球最大棕榈油生产国的印度尼西亚也面临国内食用油短缺，零售价格一度狂涨 40%，随即该国政府已做出禁止棕榈油出口的决定。

然而，当前全球能替代棕榈油的植物油普遍紧缺，阿根廷、巴西和加拿大因为干旱，大豆油和菜籽油的产量大幅下滑。并且，其他替代性植物油的价格也已飙升，作为全世界消耗量第二大的植物油，大豆油在芝加哥期货交易所的价格已上涨 4.5%。因此，印度尼西亚政府的棕榈油出口禁令，无疑是向全球国际粮油市场投下了一枚"震撼弹",不仅令全球食用油供应更加紧张,推升食用油及替代产品的价格,更加速全球食品价格上涨,为全球粮食安全带来严重威胁。

出口禁令"震撼弹"威力波及中国。近年来,中国每年的食用油供给缺口很大,自给率不足40%。加上中国是世界第二大棕榈油消费国,且基本依赖进口,棕榈油已成为中国第一大进口植物油品种。

被喻为中国"种业硅谷"的海南自贸港南繁基地,曾是袁隆平院士杂交水稻取得关键突破的育种基地,有望进一步为中国的粮油安全乃至全球的粮食安全"排忧解难"。海南现已成功选育出年亩(1亩≈666.667平方米,下同)产油量超过200公斤(1公斤=1千克,下同)棕榈油的新品种油棕"热油6号",每亩"热油6号"产出的油量(200公斤)是大豆的9倍、花生的5倍、油菜的3倍,成为世界上单位面积产油量最高的油料作物。海南"热油6号"的成功选育,以及未来如能在海南进一步发展油棕种植产业,将有助于提高中国食油自给率。

油棕乃公认的"世界油王",种植面积仅占世界油料种植面积的5%,产油量却占到世界植物油的40%。如今在亚洲、非洲及拉美地区共有43个国家拥有适合油棕种植的得天独厚的自然条件,且这些国家主要位于"一带一路"沿线,如果能够将海南油棕"热油6号"种植技术、人才和经验等推广到拥有更大种植面积、能够提升更大种植比较效益的"一带一路"沿线国家,对油棕种植进行产业化发展,一方面能够满足中国国内市场的粮油需求,另一方面也能提升中国对国际棕榈油定价的影响力和话语权。同时,这还能让人民币发挥作用,稳步推进人民币国际化。

　　海南自贸港在此轮全球粮食危机中所发挥的作用尚不限于此。自俄乌冲突以来，公开数据显示，世界各国已针对食物及肥料等推出 43 项出口禁令，除了上文提及的印度尼西亚对棕榈油的出口禁令外，还包括乌克兰限制葵花油、面粉、燕麦出口，俄罗斯禁止肥料、糖及谷物出口，土耳其停止出口奶油、牛羊肉、玉米及蔬菜油等，对全球粮食安全的冲击巨大。

　　国家主席习近平对粮食安全问题高度重视，不仅在 2022 年 3 月的全国两会上公开表示，民以食为天。在粮食安全的问题上，不能有丝毫麻痹、大意，更不要指望依靠国际市场来解决，必须坚持立足国内、确保产能，确保中国人的饭碗主要装中国粮。他还在 2022 年 4 月考察海南期间强调，种子是中国粮食安全的关键，只有用自己的手攥紧中国种子，才能端稳中国饭碗，才能实现粮食安全。

　　如今，中国 90% 的种业新品种都会在海南自贸港南繁基地进行选育，未来可进一步通过海南自贸港各项"先行先试"的便利政策，在海南建立全球动植物种质资源引进中转基地，形成国内外繁殖资料的流动机制，带动全球育种家、科研院所、粮食企业和相关资源在海南汇聚。

　　同时，粮食产业的进一步发展，迫切需要提高金融服务的广度、深度并丰富产品层次，为粮食生产全方位融入信贷、保险、信托、融资租赁等多种金融元素。据联合国粮农组织（Food and Agriculture Organization of the United Nations，FAO）的研究显示，加强金融支持力度，可推动粮食生产者增加 13% 对生产资料的投资，粮食产量可增加 21%。

　　因此，海南自贸港和作为国际金融中心的香港应积极合作，探讨推动成立"粮食银行"，如此既可对粮食产业提供抵押担保、风险补偿、农业保险等领域的金融服务，又可为在海南建立全球动植物种质资源引进中转基地提供金融和资金保障。此外，培育国际粮食市场以人民币计价的习惯，以及通过将粮食金融化，两地可合作开发与粮食相关的多品种金融产品，加强粮食市场与货币市场、外汇市场、期货市场、衍生品市场联动，增强中国在国际粮食市场的金融定价权和话语权，同时增强人民币在国际粮食市场的影响力。

香港和海南若能在粮食产业加强合作，不断解锁全球"种业振兴"密码，这不仅有助于提高全球整个粮食行业的科研、种植水平和创新效率，也将推动海南自贸港南繁基地从中国的"种业硅谷"向世界的"种业硅谷"转变，巩固香港作为国际金融中心、离岸人民币枢纽的地位，更为解决全球粮食种植、粮食安全问题贡献中国智慧。

5. 深港金融加强合作迎来重大机遇

《全面深化前海深港现代服务业合作区改革开放方案》（下称《方案》）已于 2021 年 9 月初印发。这不仅是推动"一国两制"事业发展的生动实践，也是促使粤港澳大湾区向着国际一流湾区和世界级城市群目标前进的加速器，更是中国推进高质量建设粤港澳大湾区的重要里程碑。前海的新发展、新使命还将不断深化深港合作，在共建"一带一路"、高水平参与国际合作方面和人民币国际化等领域发挥更大作用。并且，香港能借助前海开发、开放全面提速的重大机遇，更好地融入国家发展大局，发展成为国内大循环的"参与者"和国际循环的"促成者"，以此为香港经济带来源源不绝的动力，巩固香港作为国际金融中心、全球离岸人民币金融枢纽的领先地位。

《方案》一经发布，不仅受到全球瞩目，也广受全球舆论欢迎。笔者通过人工智能程序获取了 2021 年 9 月 1—6 日全球各主流媒体、社交媒体、网络论坛等与前海、《方案》相关的数据、信息 14 080 余条。其后，笔者通过非监督机器学习技术 Latent Dirichlet Allocation Model（隐含狄利克雷分布模型）、Sentiment Analysis Model 等模型，对上述时期带有情感色彩的主观性内容进行分析、处理、归纳和推理后发现，国际舆论对深圳前海发展前景持乐观、正面和中立态度的高达 93%，显示各国绝大部分民众均看好前海深港现代服务业合作区的未来，相信《方案》将打造一个"新前海"，以此带动深圳、粤港澳大湾区乃至中国未来进一步的改革开放，同时有利于深港合作，为香港未来发展提供更加广阔的空间和机遇。

关注《方案》的还有美国、日本、印度、法国、英国、新加坡、德国和马来西亚。《方案》提出重新打造新前海，令外国舆论对前海更加密切关注，显示出他们看好前海、看好深港合作、看好粤港澳大湾区的发展，认为这里有大机遇、大未来。

《方案》不仅受全球各国欢迎、重视，而且，其内容所指也是众望所归、大势所趋。

就"众望所归"而言，笔者用大数据、人工智能分析发现，深港合作过去41年已经取得非常大的成就。

首先，通过Python、WIND、道琼斯路透新闻数据库、上市公司年报等资料，并结合《深圳上市公司发展报告（2020）》的内容，搜索过去41年在深圳的港深合资公司的发展情况，发现有32家港深合资公司在港交所、上交所、深交所及纽约交易所成功上市，搜索结果同时显示了这32家港深合资上市公司所属的产业。通过分析可发现成功上市的前十大产业分别为：电子组件、电子信息、房地产、工程建设、专用设备、医疗制造、输送电器、家庭电器及用品、软件服务、交通运输物流。

由此可见，深港在高端制造业、科技创新产业、交通运输物流和现代服务业这些领域、产业进行合作，获得成功的概率更高。《方案》里面涉及的领域、产业，也涵盖了高端制造业、科技创新产业、交通运输物流和现代服务业。因此，可以预见，深港在前海深港现代服务业合作区的合作，未来也将继续获得成功。

其次，通过Python对内地、香港的所有报纸、杂志、通讯社、政府公告、新闻网站进行搜索，挖掘出从1997年7月1日

—2021 年 7 月 1 日这 24 年来所有与"深港合作""港深合作"内容相关的数据、信息共 14 578 条，字数超过 2 830 万字。接着，对上述 14 578 条数据、信息进行自然语言处理，利用与"深港合作""港深合作"产业合作相关的高频共有词、高频独有词的提取方法，并通过非监督机器学习技术 Latent Dirichlet Allocation Model（隐含狄利克雷分布模型）的关键词提取方法，得出与"深港合作""港深合作"产业相关的关键词，如前海、粤港澳大湾区、旅游、消费、金融、医疗、国际科创中心。

用同样的前沿技术，分析 1998—2021 年粤港合作联席会议内容、2004—2021 年的深港合作会议内容所提及和建议香港、深圳合作的领域、产业。排在前 10 位的领域和产业分别为：前海、金融、教育、旅游、医疗、专业服务、落马洲河套地区、科技创新、粤港澳大湾区、医疗合作。

在过去 24 年，很多政府官员、专家学者提及和建议的香港、深圳合作的区域就是前海地区，反映出前海地区作为粤港澳大湾区发展的重要枢纽，不仅是香港参与粤港澳大湾区建设、充分发挥香港优势的重要抓手，更是深港两地深化合作的重要平台。在国家"十四五"规划和粤港澳大湾区建设大背景下，深圳和香港作为湾区两大核心引擎和关键城市，随着《方案》的发布，前海深港现代服务业合作区的面积从 15 平方千米扩展到 120 平方千米，无疑深圳和香港的合作在模式和体量上将会有更大的想象空间、发挥空间，两地携手开创合作新天地、协同发展大有可为。

可见，中央政府此次推出的这份《方案》，是聚焦"港澳所需""湾区所向""前海所能"，完全想民众所想、急民众所急，是众望所归的《方案》。

　　就"大势所趋"而言，前海深港现代服务业合作区成立近11年以来，受到香港民众的普遍欢迎。通过对香港报纸、杂志、通讯社、政府公告、新闻网站和社交媒体进行搜索，发现和前海相关内容33.1万余条，同时用人工智能情绪分析模型对这些内容进行分析，发现有高达97%的香港民众认为前海深港现代服务业合作区对香港带来的影响是正面和中性的，认为前海可以助力香港未来的发展。

　　截至2021年底，前海合作区累计注册港资企业1.19万家，数量同比增长156%，实际使用港资占前海实际使用外来资金的93.8%。这逾万家港资企业目前正在前海找寻更多的发展机遇。而且，作为推进深港合作的重要阵地、服务深港及世界青年创新创业的国际化服务平台，梦工场已经成为深港国际青年创业者的摇篮，为香港青年前往大湾区发展提供了平台。该平台以服务国际、港澳青年创新创业为核心，汇聚深港两地的科技、产业、创投等资源，发挥专业化的科技企业孵化职能，为国际和港澳台青年提供落地的创新创业服务。目前该平台孵化的创业团队有468个，其中港澳台及国际团队236个，占比超过50%，显示越来越多的香港青年选择逐梦前海。

　　同时，笔者认为前海在2014年设立驻香港联络处，在香港进行推广和宣传前海的工作是一个亮点。前海首次聘任港人为前海服务，并通过与香港高层及政商各界保持紧密联系，成功消除当时香港和许多人对前海的顾虑，并探索出台更多新政策。同时香港联络处让前海管理局在香港的各种合作活动上从不缺席，还设立Facebook、IG粉丝页等进行对外宣传，开大湾区的先河。多年来前海在吸引港企注册、争取港人港企及不同专业服务落地、推动青年就业创业方面都做出一定的成绩。前海梦工场也成为香港青年在内地创业的首选地之一。在香港"前海"这一品牌因为不同的推广活动逐渐变得深入民心。驻港联络处亦不时在媒体上积极倡议粤港合作和深港合作，对前海的品牌打造起了积极、正面的作用。

由于新冠疫情的影响，国际形势中不稳定、不确定因素增多，世界经济形势复杂而严峻。对此，中国未来将形成强大的国内市场，实施扩大内需战略，大力推动内外联动，加快构建以国内大循环为主体、国内国际双循环相互促进的新发展格局。通过加大基础设施投资力度、充分释放消费潜力，并借助科技创新，大力发展第三代半导体，加快5G、人工智能、工业互联网等"新基建"产业的发展。

在这种形势下，前海深港现代服务业合作区未来重点发展金融、现代物流、总部经济、科技及专业服务、通信及媒体服务、商业服务等高端服务业，正是为了通过借鉴香港在发展现代服务行业方面的优势与经验，探索深港合作的新途径和新方向，从而带动中国内地现代服务业的发展及产业转型升级，以此扩大内需市场，也为香港尤其是香港青年带来更加广阔的发展空间。

《方案》的发布，更将为香港发展经济、融入国家发展大局并巩固作为国际金融中心的地位和继续保持繁荣稳定提供保障。

例如，香港在航运物流、法律、商业等领域拥有得天独厚的优势，正是粤港澳大湾区其他城市乃至全国各地发展所需。上述专业服务业已成为前海深港合作的重要产业之一，前海专业服务业企业2020年吸引的港澳投资占前海各产业的比重已达30.52%。因此，香港不仅在与深圳共建前海现代服务业合作区上大有所为，还可巩固其自身现代服务业优势地位，并以此开拓内销市场，打开内地14亿人口的大市场，分享内地经济稳定发展带来的红利。

又如，前海扩大金融领域的开发，不仅有助于推动内地和香港的金融互联互通，也有助于进一步发展香港的金融业，尤其是发展离岸人民币业务，巩固香港作为国际金融中心、全球离岸人民币金融枢纽的领先地位。作为国家金融业对外开放试验示范窗口，前海已率先在全国推动实现跨境人民币贷款、跨境金融基础设施建设等"六个跨境"，CEPA 框架下金融业对港澳地区开放措施也在前海全面落地。如今前海进一步推动金融创新，扩大金融开放，无疑将为香港金融业深入内地发展、深化两地的金融互联互通创造更有利的条件。

值得重点指出的是，从 2021 年以来，随着一系列金融创新政策密集落地，前海"跨境金融创新"的地位愈加明显。相关数据显示，前海自由贸易账户累计跨境收支折合人民币的金额突破 2 890 亿元，其中与香港发生的跨境收支占比为 85%。粤港澳大湾区首批"跨境理财通"试点业务率先落地前海，在前海深港国际金融城签约入驻的 161 家金融机构中，港资及外来投资占比超过 30%。通过拓宽深港跨境资本双向流通渠道，前海已经成为大湾区资金联通最重要的枢纽之一。

公开的报道显示，前海走在了先行先试跨境金融创新政策的前面。全国首批本外币合一银行账户试点率先落地前海，前海 8 家银行机构参与首批试点，为前海试点更高水平跨境贸易和投融资结算便利化奠定了基础。

前海同时还先行探索人民币跨境使用。深圳前海联合交易中心建设了离岸农产品现货交易市场，成功上线大豆现货品种，实现大宗商品跨境交易以人民币计价结算。中国银行前海蛇口分行率先进行数字人民币个人跨境支付试点。港人已在前海成功通过数字人民币缴税。前海还首次实现数字人民币在供应链领域的全流程应用，前海企业初步建成了进出口双向跨境贸易电子单据业务交互系统，国际结算时间由原 10~15 天缩减至 1 天。

前海是国家主席习近平亲自谋划、亲自部署、亲自推动的新时代国家改革开放战略平台。党的十八大以来，习近平主席多次对前海开发开放作出重要指示，要求前海"依托香港、服务内地、面向世界""打造最浓缩最精华的核心引擎"，要求前海"精耕细作、精雕细琢，实现一年一个样的变化"，要求前海不断增强与香港发展的关联度，为结构优化发挥杠杆作用，也要求前海在携手香港高水平参与国际合作方面发挥更大作用。相信香港只要把握好深港合作新机遇，开创合作新天地，以新前海作为融入国家发展大局的重要切入点，把握日益庞大和对质量要求不断提高的内地市场，善用国家发展的东风"乘风破浪"，就能加速走上国家内循环发展的快车道，促进香港的繁荣发展，也为人民币国际化创造一个更加光明的未来。

6. 横琴粤澳深度合作区试点跨境数据，加快数字人民币国际化

2021 年 9 月 5 日，国务院印发《横琴粤澳深度合作区建设总体方案》，提到要促进国际互联网数据跨境安全有序流动。在国家数据跨境传输安全管理制度框架下，开展数据跨境传输安全管理试点，研究建设固网接入国际互联网的绿色通道，探索形成既能便利数据流动又能保障安全的机制。同时在支持珠海、澳门相关高校、科研机构在确保个人信息和重要数据安全前提下，实现科学研究数据跨境互联互通。该举措对于深入推进粤港澳大湾区发展、加强横琴粤澳深度合作区的建设以及加快数字人民币国际化，均有重大意义。

相关研究显示，2009—2018 年的 10 年间，全球数据跨境流动对全球经济增长的贡献度高达 10.1%，相信国际互联网数据跨境流动不仅会带动大湾区尤其是粤澳的经济发展，也将为深入推进粤港澳大湾区发展、加强横琴粤澳深度合作区的建设带来极大的商机，同时还能推动数字人民币加快跨境落地。包括电商、金融、物流、教育等在内的众多行业均将逐步实现数字人民币跨境交易和支付，不仅可提高货币及支付体系运行效率，还可加快数字人民币国际化进程，更能促进中国数字经济进一步发展，同时推动粤港澳大湾区的数字经济发展，也能为粤港澳大湾区尤其是横琴粤澳深度合作区催生共享经济、平台经济等新业态、新模式。

相比于其他地区的跨境数据流动探索，横琴有何优势？此次合作将对哪些产业产生影响？相信除了推动数字人民币发展之外，通过对国际互联网数据资源的开发利用，跨境数据将会大规模地应用于生产、分配、交换、消费各环节以及制造与服务等场景，可以为法律、大数据、人工智能、消费、零售、软件开发、平台、知识产权等产业带来非常好的商业前景。

随着数字经济的发展，数据全球化成为推动全球经济发展的重要力量。这是由于一国或地区能够通过掌握其他国家或企业数据的方式，实现对竞争对手国家或地区的经济甚至是政治施加影响。因此，数据跨境流动不仅关系到各国或地区的经济利益，而且关系到各国或地区的信息安全甚至是主权安全。确保数据控制权与跨境流动安全，不仅关乎个人数据安全、产业经济安全，更关系到国家总体安全。

在促进数据跨境流动这方面，数据开发利用过程中网民的有关数据被泄露和滥用的事件时有发生。这类事件不但侵扰了网民的正常生活，甚至还可能侵害网民的人身财产安全，从而造成网民对信息安全的担忧，降低数据共享意愿，最终影响数字经济的持续发展。

2020 年 8 月商务部印发的《全面深化服务贸易创新发展试点总体方案》提出，要开展数据跨境传输安全管理试点。可以考虑在澳门大学成立国际数据与舆论研究中心，将其作为一个试点。该中心的科研人员可以通过互联网数据跨境，有针对性地进入外国市场以及中国国内市场，利用大数据、人工智能技术为澳门、珠海提供产品或专业服务。其中一种最好的使用方式，就是通过大数据和人工智能分析外国消费者、中国其他地区消费者的喜好，再把产品卖到这些地区。

而要分析消费者的喜好，可以通过互联网数据跨境，运用开源数据采集和分析技术，包括从顶尖国际媒体期刊数据信息库，以及微博、微信、Twitter、LinkedIn、Facebook、Instagram、TikTok 等国内外社交媒体平台，爬取公开信息；并运用社交网络分析、自然语言处理、机器翻译、人工智能等技术加以整理分析；同时结合科研团队在经济学、国际传播学、国际关系学等领域的专业经验、见解和人脉开发独家核心算法。

例如通过核心算法，先从各社交媒体发现尽量多（百万名或以上）的外国消费者以及中国其他地区消费者——他们会经常谈论澳门、珠海的某些产品或专业服务，并对此表达购买意愿。澳门大学的研究中心作为试点单位，可将这些信息告知澳门和珠海的政府部门和相关企业，帮助它们了解上述消费者对产品和服务的需求，有针对性地出口产品到上述地区，以增加珠澳和外国、中国其他地区的经贸往来。

对于互联网数据跨境的推进，笔者提供三点建议。

其一，由澳门和珠海政府部门牵头，组织一批有上述技术力量的中国大数据、社交媒体和人工智能等科技公司，将其打造为横琴粤澳深度合作区互联网数据跨境联盟，以集中力量为横琴粤澳深度合作区的建设服务。

其二，由澳门和珠海政府部门牵头，利用国家给予的先行先试政策，吸引国内外相关企业的高管、相关行业负责人、新闻行业负责人、进出口行业负责人前来横琴粤澳深度合作区以及数据跨境传输安全管理试点单位访学、交流，增强他们对互联网数据跨境联盟的认识，进而吸引他们前往横琴粤澳深度合作区进行投资。

其三，两地政府派出相关人员前往互联网技术发达的国家进行调研、访学和交流，以了解目标国家当前的互联网技术、科技水平、大数据和人工智能的普及情况，以及发展这些科技的具体需求，从而为吸引这些国家的企业前来横琴粤澳深度合作区投资制订更有针对性的方案。

为什么要建设横琴粤澳深度合作区？横琴粤澳深度合作区的落地会带来什么？笔者认为，主要是澳门正逐步迈向区域融合发展的攻坚时期，澳门与中国内地的先天障碍，可以通过深度合作找到突破口，同时寻找新增长点。

例如，澳门与珠海发展金融，就可以考虑在横琴建立澳门证券交易所、开设人民币债券市场；澳门与珠海发展高科技产业、创新产业，也需要横琴粤澳深度合作区这一平台。事实上，无论澳门还是香港，它们都有一个先天的缺点，即两个城市虽然国际资金能自由进出，但是内地资金却不能自由进入。利用横琴粤澳深度合作区这个平台，或许可以解决内地资金在可控范围内自由进出港澳的问题。

虽然有很多人都认为深圳的高科技产业做得好，但实际上是深圳的高科技企业与创新企业的融资的渠道选择得好。如果没有深圳对这些企业包括资金在内的各种扶持，就很难诞生那么多大中小型高科技企业。未来珠海与澳门发展高科技产业、创新产业，则需要在横琴粤澳深度合作区这里探索出一条更新的高科技企业与创新企业融资途径。

横琴粤澳深度合作区要发展，离不开法制保障和人才支撑，其"深"应该体现在法制运用、人才吸引方面。

当横琴新的合作区成立后，该使用什么法律制度？是使用澳门的法律，还是内地的法律？抑或是两地法律综合使用？例如，跨区劳动关系纠纷该如何解决？其实可以参考深圳前海的案例。

在横琴粤澳深度合作区应创新涉外涉港澳台审判工作或在横琴粤澳深度合作区全面拓展港澳司法协助。

在吸引人才方面，也可以参考深圳和香港的做法，例如进一步放宽在横琴粤澳深度合作区澳门公司工作的内地专业人士多次往返澳门的签证，同时争取在横琴澳门企业工作的内地民众也适用澳门的税务政策。目前在横琴工作的澳门人可以采用澳门税制，但内地人才在横琴工作还未能采用澳门税制，所以有不少内地科技创新专业人才不愿意到横琴工作。未来横琴粤澳深度合作区如能在税务政策上与澳门互联互通，令在横琴粤澳深度合作区澳门企业工作的内地人士也享受澳门税务政策，那么就可以吸引全国各地优秀人才前往横琴粤澳深度合作区工作、创业。

对于在澳门的海外人才，可以加快对海外人才的专业认证制度建设，以吸引外国人才、包括在海外的澳门人回流。在人才普遍成为稀缺资源的今天，横琴粤澳深度合作区更需要大量引进国内外优秀人才，需要革新思维，在吸引人才、培育人才方面下功夫。尤其在当今国际竞争的大格局中，人才的地位极其关键。如果一个地区只拥有资源或资金而没有人才支撑，那么它很难产生足够的竞争力。与此相反，一个地区即便在资源上有所欠缺，但是它若拥有人才，它就可吸引资源和资金流入，进而与其他资源丰富的地区进行竞争。这样的例子在当今世界比比皆是，值得全力吸引人才的横琴粤澳深度合作区借鉴。

新冠疫情给澳门带来了巨大的影响。新冠疫情后短期内澳门经济较难复苏，澳门经济发展长期依赖外地带动的弊端已显现。未来澳门要发展，就需要在中央政府的大力支持下，更加主动地加强与珠海的合作，进一步融入粤港澳大湾区建设，融入以国内大循环为主体、国内国际双循环相互促进的新发展格局，这样澳门才能拥抱更广阔的市场，并拥有本地经济复苏的主要动力。

澳门拥有"一国两制"的优势。澳门进一步加强与珠海的合作，一方面可以聚焦内地商机和市场，做好国内大循环的"参与者"，另一方面可以和珠海共同拓展海外市场，从而成为国际大循环的"促成者"，并以此紧紧抓住粤港澳大湾区建设的机遇，积极融入国家的发展大局，享受国家蓬勃发展带来的红利。澳门位处亚洲的中心位置，临近作为"世界市场"的中国内地，具备丰富的国际市场经验和良好的商贸环境。澳门还可以通过中转站的优势，将资金、资源和人才引进珠海，助力珠海的发展，从而打造多赢局面。

7. 澳门若成国际金融中心能提升中国在国际 金融领域的影响力和话语权

2022 年 12 月，中国人民银行与澳门金融管理局续签了为期 3 年的双边货币互换协议，并于该月 5 日生效。其签订的协议规模为 300 亿元人民币或 340 亿澳门元。随着人民币国际化的有序推进，国际市场对离岸人民币流动性的需求将会稳步增加。续签协议再次体现了国家对澳门拓展金融产业、促进澳门人民币业务发展以及强化澳门"中国-葡语国家金融服务平台"建设的支持。

实际上，澳门近年来在金融领域动作连连——它不仅有设立以人民币计价结算的证券交易所的计划，还将成立葡语系国家人民币清算中心，打造中葡金融服务平台、绿色金融平台，发展创新金融和特色金融等业务。这让外界十分好奇：难道澳门有借此发展成为区域金融中心的打算？

常言道："大香港，小澳门。"澳门的光芒一直以来都被作为国际金融中心的香港所遮盖，澳门的劣势也的确存在。例如，按中研网相关数据①，澳门土地面积不及香港的 1/40，按第七次全国人口普查结果澳门人口不及香港的 1/10，澳门博彩业独大制约产业结构多元化，当地年轻人不愿从事高强度工作，等等。

但澳门的这些劣势也并非都不可克服。目前澳门本岛与港珠

① 中国国土面积有多大？中国港澳台土地面积一览 附全球国土面积排行[EB/OL].（2019-08-01）[2023-05-06].https://www.chinairn.com/news/20190801/150842642-2.shtml.

澳大桥口岸人工岛之间已填海建造了一个面积超过 1.3 平方千米的人工岛，只需从中拨出 0.5 平方千米的土地作为金融发展区就足够了。毕竟香港整个商业、商贸和办公室用地合计也仅有 4 平方千米。

目前，中国经常账目下的人民币项目已经完全开放，而外汇仍采用审批制。作为特别行政区，澳门金融市场仍被视为境外金融市场。澳门发展跨境创新金融业务，侧重于经常账目人民币计价的科目内容，如果将其衍生的金融产品以人民币计价，并实现互连互通，可以令澳门联动内地，让澳门发展成为人民币经常账目金融产品的创新区域。尤其是参照目前内地低风险金融产品的收益率，相信在境外形成的人民币金融产品，可以吸引全球各地投资者的眼球。有了这些金融土壤，澳门已具备成为流动外汇储备及交易中心的条件。

由于投资渠道和种类非常完善，不少老牌国际金融中心的市场投资者普遍厌恶高风险业务，倾向于追求低风险甚至无风险的稳定盈利。但澳门作为博彩业发达的城市，其资金的风险偏好更高。与内地城市相比，澳门更具有开展金融创新的政策优势，它更适合创新金融工具、金融技术乃至服务方式及金融市场等创新金融业务的发展。资金风险偏好更高的特色，不仅为澳门的创新金融发展提供了良好土壤，还将为其逐渐吸引不满足于传统金融行业的国际创新金融人才前往澳门开创新天地。

自 1999 年 12 月 20 日回归祖国以后，澳门加入的国际组织由 50 多个增至 100 多个。享受澳门特区护照免签证或落地签证待遇的国家和地区，由刚回归时的 3 个增至 2022 年的 144 个（略低于香港的 171 个），澳门护照的"含金量"大幅提升，这不但可为澳门的民众出行带来便利，而且也表明澳门的国际地位得到了显著提高。

近年来澳门的经济表现可圈可点。尤为重要的是，回归以来，澳门各界人士均对中国内地高度认可，这令澳门的发展能与广东乃至中国各地的发展紧密相连。澳门深度融入国家战略和区域发展战略，极大地发挥出"一国两制"的制度优势，令其经济能够获得更大的发展。澳门各界人士非常务实，他们深知无论是追求民主自由还是经济发展，都需要循序渐进、稳健推进、多方合作、互谅互让。澳门的这种社会氛围，可以吸引不少个性务实、厌恶政治纷争的国际金融精英前往澳门就业与生活。

当然，要发展成为区域金融中心不可能一蹴而就，而是要久久为功。但不可否认的是，澳门的许多优势，已经令其具备成为区域金融中心的实力。

金融是现代经济的血液。澳门发展成为区域金融中心，同时发展包括创新金融、互联网金融、绿色金融在内的特色金融，发展以人民币计价的交易所、债券市场，这将有助于澳门经济进一步向前发展，有助于澳门优化自身的经济结构，更有助于粤港澳大湾区的金融业发展多样化、多元化和差异化，并且还可以增强中国在国际金融领域的话语权和影响力。

随着互联网的迅速发展，现在已衍生出互联网金融、移动支付、金融科技等，绿色金融也已成为国际金融发展潮流。然而面对这些新的交易产品、模式和市场游戏规则，目前的国际金融体系仍纠缠于传统的金融市场和产品，并未能与时俱进。如果澳门可以借发展特色金融业的机会，弯道超车，结合全国的人才、经验和技术，在国际金融监管制度、监管框架、法律框架等领域与国家一起加强对互联网金融、移动支付、金融科技和绿色金融等的研究，使之满足促进全球金融发展、完善治理的新需要，这不但对澳门有利（例如可以推动澳门成为国际特色金融中心），而且对粤港澳大湾区的金融领域发展也有利，更可提升中国在这些领域的国际影响力和话语权，进而让全球各国受益。

澳门未来发展以人民币计价的交易所、债券市场若能成事，意义重大。一方面，这可以令澳门的人民币离岸业务进一步扩展至资本市场，有助于将澳门发展为人民币离岸中心。另一方面，这可以让中外投资者的资金留在澳门，扩大澳门人民币的资金池，更可以大步推动澳门发展成为亚太区域内财富管理中心。这不但能为各国民众尤其是粤港澳大湾区的民众积累和继续增加财富开辟新出路，而且能进一步巩固澳门作为区域金融中心的地位。

澳门发展以人民币计价的交易所、债券市场，未来将肩负推动人民币国际化重任，尤其是将肩负推动葡语系国家更多地使用人民币、将人民币作为其储备货币的重任。借助澳门的新交易所，中国将开发出更多的以人民币计价的投资产品，这一方面将促进人民币国际化进程，另一方面能给多个国家和地区带来更多国际货币的选择，给包括葡语系国家在内的世界各国的投资者更多的投资选择。此举不仅有利于维护国际金融市场的稳定、中国外汇储备的安全，推动人民币国际化进程，还将进一步为推动澳门成为区域金融中心奠定基础。

8. 大湾区建基础研究重镇，人民币国际化 水平将显著提高

支撑一国货币国际地位的是这个国家的综合实力，它包括经济、贸易、金融、政治、军事和科创实力等。要提升人民币国际化水平，无疑需要进一步提升中国的综合实力，尤其是提升中国科创领域的实力。科创领域现已成为大国博弈的前沿阵地。基础研究是科技创新的源头。粤港澳大湾区若能建设成为世界级基础研究重镇，打造如世界著名基础研究机构普林斯顿高等研究院式的、不隶属于大学的独立科研机构，在政府规划、政策制定和资源安排方面把基础研究摆在更显要位置，那么不仅有利于推动粤港澳大湾区加快发展成为国际科技创新中心，还能助力中国应对愈发激烈的国际科技竞争和核心技术垄断，更能通过科技创新和突破应对气候变暖、人口爆炸、能源枯竭等人类面对的共同挑战。

通过基础研究产生的新理论、新知识、新原理、新定律，不像技术开发所带来的新材料、新工艺、新产品、新技术般实用，它们看似"无用"，但"无用之用"实际有"大用"。作为整个科学体系的源头，基础研究的突破可带来颠覆性技术，引领科技革命及改变人类世界。当前，约90%的现代技术革命成果源于基础研究及其他原始性创新。例如，我们日常使用的智能手机，它就凝聚了众多基础化学、物理的研究成果。简而言之，没有量子力学及电磁学，就不会有智能手机。

近年来，为了抓住以信息技术、生物医药技术、空间技术等为标志的第三次技术革命所带来的机遇，应对挑战，中国对科研投入的力度不断加大。但由于产业发展重规模轻基础，重投资轻研发，研究考核重论文数量轻质量等原因，当前内地的基础研究以跟踪为主，缺乏原创性和引领性，而且基础研究投入力度依旧不大，如 2019 年全国用于基础研究的经费仅为 1 335.6 亿元，仅占全年研究与试验发展经费总支出 22 143.6 亿元的约 6%，远低于科技强国如美国、德国、日本等国基础研究经费 15%~30% 的占比。

习近平主席曾在 2020 年的科学家座谈会上提出解决中国基础研究现有困境的源头问题——那就是要加强数学、物理、化学、生物等基础学科建设，布局建设前沿科学中心，发展新型研究型大学，以更加开放的思维和举措推进国际科技交流合作，面向世界汇聚一流人才，吸引海外高端人才等，以期摆脱基础研究现存困境，建构基础研究新格局。

要达成这些目标，非一日之功。对此，我们建议将粤港澳大湾区作为全国加强基础研究的试验区，通过大湾区"一国、两制、三个关税区、三个自贸片区、三种货币、五所世界一流大学"的独特优势，打造普林斯顿高等研究院式的独立科研机构，以破除影响基础研究的瓶颈和制约，加快创新要素自由流动，激发各类基础研究机构的活力，建成世界级基础研究重镇。

作为一个私立、独立、非营利的研究机构，普林斯顿高等研究院于 1930 年创立至今，始终致力于对未知世界进行无涉利益、纯粹的基础性研究、探索，曾在此工作的爱因斯坦等 33 名科学家获得诺贝尔奖。它不仅助力美国发展成为世界科技强国，也给全球经济、社会带来了根本性改变。它引领了各国学术发展潮流，中国著名的物理学家、数学家如陈省身、华罗庚、杨振宁、李政道、丘成桐等，都曾在该研究院工作或访学。

普林斯顿高等研究院之所以成功，笔者认为至少有以下几点原因。

其一，不隶属于大学。国内虽然已成立不少"高等研究院"，但它们几乎都隶属于各大学，都是作为大学的一个学术机构。相反，普林斯顿高等研究院虽在创立初期曾短暂租借普林斯顿大学数学系办公室，但是二者并无隶属关系。普林斯顿高等研究院借助与普林斯顿大学、罗格斯大学等高校地理位置邻近的优势，与高校密切合作。它们除开展研究项目、联合编辑学刊外，还互相出席彼此的讲座，参加研讨会。通过这种"高手过招"、互相切磋的方式，研究院的学者与大学的教授、学生相得益彰、互相促进。

其二，小而精、学术氛围浓厚。普林斯顿高等研究院致力于鼓励和支持科学和人文领域的基础性研究，其下属的历史、数学、自然科学和社会科学四大学院虽然只有不到30名终身教授，但他们均是具有非凡才能且痴迷于基础研究的世界级学术大师。他们身处自由无限制的学术环境，不受考核，无须汇报，没有教学任务，也没有科研资金的压力。他们能够全神贯注地、天马行空地、快乐地进行基础研究，通过各类学术活动、讲座，营造互相借鉴、学科交叉的可持续的智识环境，以获取突破性研究成果。

其三，广纳国际科研人才。普林斯顿高等研究院深具开放性、国际性和流动性，它可供世界出类拔萃的学者、学生申请客座研究员、助理研究员、访问学者等职位，它至今已经接纳来自全球50多个国家和地区的逾5 000名学者、学生。他们通过前来研究、学习，不但可以向极负盛名的科学家请教，更能接触、参与最新学术研究方向、最前沿的研究工作，他们还能暂时摆脱教务和一应俗务，聚精会神地进行基础性研究。

其四，经费充足。普林斯顿高等研究院虽小但极富有。一是得益于各类个人捐助和私人基金会捐赠。其所获捐赠基金如今已高达 7.41 亿美元，教授人数比普林斯顿高等研究院多 10 倍的美国加州理工学院所获捐赠基金虽有约 30 亿美元，但按人均计算，普林斯顿高等研究院可谓"富得流油"。二是高等研究院组建了专门的投资团队，利用捐款基金投资获取回报，为研究院运作提供经费。三是美国联邦政府、新泽西州政府为高等研究院提供专项研究资金。四是一些客座研究员也为其带来了国外基金会、外国政府的资助金。"财大气粗"的普林斯顿高等研究院，不仅可为基础研究提供源源不断的经费支持，还能为研究人员提供优厚的经济待遇，解决其后顾之忧。

基于上述分析，笔者认为，除了可考虑在粤港澳大湾区的香港特区、澳门特区的各大学附近成立独立的高等研究院之外，还可考虑地理位置、用地、涉及面更广等因素，在位于广州南沙区的香港科技大学（广州），或者位于深圳龙岗区的香港中文大学（深圳）的周边地区，设立独立于大学的高等研究院，并以普林斯顿高等研究院的模式运作。

例如，可考虑在香港科技大学（广州）校区附近，参考普林斯顿高等研究院和普林斯顿大学的成功合作模式，设立独立的"大湾区高等研究院"。因为其一，基础研究是科技创新的"总开关"，"大湾区高等研究院"可为香港科技大学（广州）重点推进的数据科学、机器人与自动化系统、人工智能、先进材料等新兴和前沿领域提供助力。其二，"大湾区高等研究院"也可与附近的中山大学、华南理工大学、暨南大学等知名高校开展研究项目合作、学术交流，互相促进。其三，"大湾区高等研究院"设在广东省会广州，有利于吸引来自多地的经费支持，让科学家们能更安心地在基础研究方面进行自由探索。其四，广州南沙区是自贸片区，在吸引国际人才、税收优惠等方面有先行先试政策，这也有利于吸引各国科学人才前来。

当然，设立"大湾区高等研究院"，将粤港澳大湾区建设成世界级基础研究重镇，说易做难，我们既要具备仰望星空、超越现实的境界情怀，又要保持脚踏实地、面对挑战的活力状态。正所谓："惟其艰难，才更显勇毅；惟其笃行，才弥足珍贵。"

9. 发展金融科技吸引国际顶尖人才，助力
　　人民币增强国际影响力

随着全球知识密集型产业和创新型经济的发展，引进国际顶尖科研人才已经成为各地推动科技和经济发展的重要手段。粤港澳大湾区未来要建设成为国际科技创新中心，巩固其作为人民币国际化排头兵地位，为经济、金融和社会发展增加新动力，则需要考虑如何吸引更多国际顶尖科研人才。

为此，大湾区各地政府应加大对科研的投入，营造更好的学术氛围，更加重视"语言相似性"和"移民存量"等文化因素，同时进一步加大对外教育服务贸易、知识密集型高技术服务贸易的进出口额，力争在日趋激烈的国际顶尖科研人才竞争中占据一定优势。

在西方发达国家，吸引国际顶尖人才的政策日益成熟，并且实现了体系化发展。譬如，作为世界头号科技强国的美国，其创新科技的发展与其成功吸引众多国际顶尖科研人才有着密不可分的联系。公开数据显示，在1990—2000年，美国26%的诺贝尔奖得主在国外出生。除了学术界之外，商界的情况也相似。例如在2006年，销售额在100万美元以上的美国高科技公司创始人中，有25%是在美国以外出生。

国内外无数案例表明，成功招揽一个或几个国际顶尖科研人才，往往就能够带动一项重大核心技术的突破乃至一个产业的兴起。笔者的同事冯达旋教授在美国担任一所大学的研究副校长期

间，曾成功从其他大学亲手聘请到两名诺贝尔奖得主（一名诺贝尔化学奖得主、一名诺贝尔物理学奖得主）前往自己所在的大学任职。现在冯达旋教授担任海南大学国际顾问委员会主席，他也成功邀请到来自不同国家的四名诺贝尔奖得主，以及多名美国和欧洲的科学院院士、工程院院士担任该大学的顾问。作为"过来人"，冯达旋教授和笔者均认为，若能成功招聘到活跃在科研一线的国际顶尖科研人才，例如各国科学院院士、工程院院士和诺贝尔奖得主等世界各国顶尖人才，将对有理想、有志气攀登科学高峰的年轻学者产生不可言喻的深远影响，对该地区也能发挥如下多方面的积极作用。

其一，能够较快取得重大的技术突破。世界各国的顶尖科研人才拥有广泛的国际人脉、学术资源，具备对国际科技动态的洞察力和科技前沿的影响力。冯达旋教授此前亲自引进的诺贝尔化学奖得主在大学创立纳米科技中心之后，他就像一块巨大的磁石，很快吸引一大批来自中国、英国、中亚国家、墨西哥的有才华的年轻科学家来到中心工作。在他的带领下，团队仅在短短 30 个月内就在纳米科技方面取得重大技术突破。该成果不仅先后发表在当年的《自然》（*Nature*）、《科学》（*Science*）学术期刊上，还在美国《纽约时报》及各大报刊上陆续刊载。

其二，能够吸引更多国际优秀科研人才前来。成功引进科学院院士、工程院院士和诺贝尔奖得主等的国际顶尖科研人才，犹如引进了一个学术门派的"掌门人"，打通了引进其他国际优秀人才的通道。通过这些"掌门人"去吸引他们在世界各国的"徒子""徒孙"更为容易，同时在推动研究项目、筹措资金等方面也能产生加速集聚的效果。

其三，能够促进本地人才成长。院士们和诺贝尔奖得主在取得非凡业绩的同时，不仅对科学技术有愈加深刻的理解，还对原始创新有着深刻的认识和追求。这些国际顶尖专家不但可以帮助本地挖掘更多创新人才，而且能从宏观上对本地科研人才的专业发展做出评价与指导，从而促进本地科研人才快速成长。

其四，发扬诺贝尔奖精神，在本地基础教育中培养科学家精神。诺贝尔奖精神体现了科学精神与人文精神的融合。冯达旋教授在引进一名诺贝尔物理学奖得主之后，该科学家在当地致力于物理学、科学与数学教育的普及和推广工作，并在科学教育方面寻求各种创新。他与当地自然科学博物馆建立了密切的合作关系，从基础教育开始培养锲而不舍、追求真理的科学家精神，营造起了该地区创新、科研的学术氛围。

笔者认为，粤港澳大湾区要成功引进国际顶尖科研人才，招聘者自身当然要与国际顶尖科研人才有着良好的个人关系，同时拥有极高的学术地位、国际知名度以及丰富的国际人脉资源。除此之外，还需要具备以下至少三个客观基础。

其一，政府须加大对科研的投入，营造更好的研究氛围。对于已功成名就的科学院院士、工程院院士和诺贝尔奖得主而言，仅"高薪"并不足以吸引他们前来。反而，如果政府能够加大对大学、科研机构等基建的资金投入，以及购置更多科研所需的研究器材和设备，完善与教学相关的服务，则更能更有效地吸引国际顶尖科研人才。因为更好的科研条件、更好的研究氛围会令他们钟情于科研工作，也会让仍然活跃在科研一线的国际顶尖科研人才更加"心动"和"技痒"，会让他们忍不住想再攀科研高峰，产生再干一番事业的冲动。

其二，更加重视"语言相似性"和"移民存量"等文化因素。国际顶尖科研人才非常注重语言、族群和小区等文化因素。

研究显示,"语言相似性"的高低和"移民存量"的多寡,也是决定一个地区能否成功招揽国际顶尖科研人才的关键因素。"语言相似度"越高、"移民存量"越多的城市,居住在这个城市的同胞就越多;如果在这个城市有属于他们自己的居住区,那么国际顶尖科研人才就愿意前来发展。

大湾区各地政府除在"语言相似性"和"移民存量"等文化因素方面下功夫之外,也可留意香港当前哪些境外人小区更多。在港境外人小区数量多的国家或地区的顶尖人才很有可能会比较愿意前来香港工作,值得大湾区各地政府去深入挖掘。

其三,进一步加大对外教育服务贸易、知识密集型高技术服务贸易的进出口额。两地关系的好坏,往往影响着两地贸易往来的增减。两个经济体之间若出现贸易摩擦甚至贸易战,则意味着两个经济体之间的关系出现争端甚至破裂,这无疑会影响两地民心相通和学术交流。

研究显示,两地的教育服务贸易、知识密集型高技术服务贸易进出口额越多,就越能提升这两地国际顶尖人才对彼此地区的好感、吸引力和兴趣。一方面,香港特区政府可以通过加大与目标国家或地区的服务贸易额,来吸引这些国家或地区的顶尖人才前往香港生活、工作;另一方面,香港特区政府也可通过香港与世界各国、各地区的服务贸易数额,挑选出数额较高的国家或地区,向这些国家或地区的顶尖人才抛出"橄榄枝"。

城市发展,需要更多人才聚集。研究显示,流动人口每增加1%,该地区的 GDP 会增长 0.54%,而人才流失,则会严重冲击经济。被誉为"新商业周期理论之父"的诺贝尔经济学奖得主普雷斯科特(Edward Prescott)曾在其论文"Why Do Americans Work So Much Than Europeans?"(《为什么美国人比欧洲人更勤奋?》）中指出，在商业周期中，劳动力的投入只要减少3%，就足以引发严重的经济衰退。

当今世界正经历百年未有之大变局，大湾区各地经济近年来持续遭受冲击。要应对不断变化的国际竞争新形势，各地需要吸引更多国际顶尖科研人才。为此，大湾区各地政府需要改革思维、化繁为简，与其去逐一挖掘和招揽人才，不如考虑挖掘如科学院院士、工程院院士和诺贝尔奖得主等国际顶尖科研人才、学术门派"掌门人"，以此带动更多国际优秀人才前来粤港澳大湾区工作、生活，助力大湾区创科产业和经济、社会的发展。同时，这些顶尖人才进入大湾区之后，自然而然就会逐步接受人民币、使用人民币，对于国际上他们的各种高端关系也会起到潜移默化的作用。这也是人民币国际化的精彩一笔。

10. 加强大湾区跨境金融信息互通，探索更加可行的国际化道路

在"一国两制"政策下，粤港澳大湾区的四流（人流、物流、资金流、数据流）之中，人流、物流现在已经基本打通，其中资金流也在深港通、债券通、理财通等计划下有限开展，但由于跨境金融数据流的互联互通一直止步不前，目前还无法让数据要素跨境流动发挥作用，以致阻碍了粤港澳大湾区金融市场互联互通的进程。对此，我们建议深圳和香港可先行试点跨境金融信息的互联互通，待其成功之后再推广到粤港澳大湾区各城市。这不仅可以推动金融发展，还能加快数字人民币发展速度，推进人民币国际化进程。

自 2016 年《中华人民共和国网络安全法》颁布后，2022 年 2 月 10 日国家工信部再次公开征求对《工业和信息化领域数据安全管理办法（试行）》的意见，提出工业和信息化领域数据处理者在中华人民共和国境内搜集和产生的重要数据和核心数据，法律、行政法规有境内存储要求的，应当在境内存储；确需向境外提供的，应当依法依规进行数据出境安全评估。

上述法律法规，对粤港澳大湾区的金融互联互通带来一定的影响。因为数据跨境传输尤其是金融数据跨境传输，已成为数字经济未来发展的必然趋势，如果所有相关数据都不能出境的话，这无疑会限制相关产业的发展。由于受该法规限制，跨境金融信息流才未能更加畅顺地在粤港澳大湾区内部互联互通，而大湾区

内地城市的金融数据未能进入港澳，也导致粤港澳大湾区金融市场互联互通发展受到影响。

虽然内地与香港金融监管的规则不同，但因为两地同时限制数据出境——尤其是将相关数据给予第三方使用，所以即使是同一家金融机构内部，也不能把在中国内地的相关信息跨境传输到香港。这不仅造成信息不对称，也导致了粤港两地的金融机构无法更有效地支持企业发展，大湾区金融市场也无法进一步互联互通。

因此，要促进大湾区金融市场的互联互通，就需要打破大湾区内金融信息层的屏障。我们建议深圳和香港在落马洲河套地区试行专属数据跨境政策，并进一步畅通人流、物流、资金流、数据流等创科要素的跨境流动，待试点成功之后，再推动促进粤港澳大湾区内地城市的数据向香港流通的特定便利安排，以及各类数据跨境流动试行计划。跨境信息互通，不仅可以全面提升跨境人民币收付业务，也能促进大湾区的金融发展，并为数字人民币探索更加可行的国际化道路。

参考文献

［1］艾瑞咨询.中国数字人民币发展研究报告［EB/OL］.（2021-10-10）［2022-05-06］.https://pdf.dfcfw.com/pdf/H3_AP202110101521719 955_1.pdf.

［2］蔡鼎,高涵.再获利好!欧佩克第二大产油国重磅宣布:将允许以人民币直接结算中国商品［EB/OL］.（2023-02-23）［2023-04-13］.https://www.nbd.com.cn/articles/2023-02-23/2681549.html.

［3］高婴劢.中国数字经济势头正好［EB/OL］.（2022-12-05）［2023-11-23］.http://paper.people.com.cn/rmrbhwb/html/2022-12/05/content_25952610.htm.

［4］国际货币基金组织.地缘经济割裂和外国直接投资［EB/OL］.（2023-04-11）［2023-05-16］.https://www.imf.org/zh/Publications/WEO/Issues/2023/04/11/world-economic-outlook-april-2023.

［5］豪尔赫,哈维尔·罗德里格斯,哈维尔·桑迪索.中国对外贸易对拉美国家的影响:是祸还是福?［R/OL］.https://www.oecd.org/brazil/38881800.pdf.

［6］经济脉搏.海南威胁香港?别讲笑了!［EB/OL］.（2018-04-01）［2022-07-28］.https://china.hket.com/article/2051577/%E6%B5%B7%E5%8D%97%E5%A8%81%E8%84%85%E9%A6%99%E6%B8%AF%EF%BC%9F%E5%88%A5%E8%AC%9B%E7%AC%91%E4%BA%86%EF%BC%81.

［7］经济日报."债务陷阱"论可以休矣［EB/OL］.（2020-11-02）［2023-02-19］.http://intl.ce.cn/specials/zxgjzh/202011/02/t2020 1102_35961910.shtml.

［8］梁海明,冯达旋.中美关系与十个数字［EB/OL］.（2021

-02-05)[2023-04-06].http://www.takungpao.com/finance/236134/2021/0205/549702.html.

[9] 沈建光.高通胀是供应链失效导致的吗?[EB/OL].(2022-09-29)[2023-04-28].https://finance.sina.cn/zl/2022-09-29/zl-imqmmtha9188130.d.html?from=wap.

[10] 新理念引领新发展 新时代开创新局面:党的十八大以来经济社会发展成就系列报告之一[EB/OL].(2022-09-14)[2023-03-21].https://www.gov.cn/xinwen/2022-09/14/content_5709704.htm.

[11] 王红斌.我国发展国际教育服务贸易优劣势分析及发展对策[N].光明日报,2006-08-18.

[12] 习近平:高举中国特色社会主义伟大旗帜 为全面建设社会主义现代化国家而团结奋斗——在中国共产党第二十次全国代表大会上的报告[R/OL].(2022-10-25)[2023-04-12].https://www.gov.cn/xinwen/2022-10/25/content_5721685.htm.

[13] 习近平出席第三次"一带一路"建设座谈会并发表重要讲话[EB/OL].(2021-11-19)[2023-03-14].https://www.gov.cn/xinwen/2021-11/19/content_5652067.htm.

[14] 习近平:只有攥紧中国种子,才能端稳中国饭碗[EB/OL].(2022-04-11)[2022-09-16].https://www.gov.cn/xinwen/2022-04/11/content_5684512.htm.

[15] 习近平:在中国科学院第十九次院士大会、中国工程院第十四次院士大会上的讲话[EB/OL].(2018-05-28)[2022-12-09].http://www.xinhuanet.com/politics/2018-05/28/c_1122901308.htm.

[16] 殷晓霞."数字丝绸之路"重在规则建设[EB/OL].

（2021-08-19）［2022-11-15］. http://ydyl. china. com. cn/2021-08/19/content_77701824. htm.

　　［17］习近平出席第二届"一带一路"国际合作高峰论坛开幕式并发表主旨演讲［EB/OL］.（2019-04-27）［2023-01-23］.http://cpc.people.com.cn/n1/2019/0427/c64094-3105328 1. html.

　　［18］BRAUTIGAM D, RITHMIRE M. The Chinese "Debt Trap" is a myth［EB/OL］.（2021-02）［2023-03-23］https://www. theatlantic.com/international/archive/2021/02/china-debt-trap-diplomacy/617953/.

　　［19］PRESCOTT E C. Why do Americans work so much more than Europeans? ［D］. Pittsburgh：Carnegie Mellon University, 1967.

　　［20］FOK J A. 中美金融冷战：从金融市场看中美关系［R/OL］.https://www.fxbaogao.com/detail/3001746.

　　［21］SACHS J D. Time to end the tax havens［EB/OL］.（2013-08-08）［2023-04-17］.https://www. jeffsachs. org/newspaperarticles/kjzdwr9ewbcydzmeh8wplgc9hadypr.

　　［22］MACKOWIAK B, MATĚJKA F, WIEDERHOLT M. Rational inattention：a review ［J］. Journal of economic literature, 2023, 61（1）：226-273.

　　［23］XIONG X Y. Asian Clearing Union to reportedly launch SWIFT alternative in June amid accelerated de-dollarization push ［EB/OL］.（2023-06-02）［2023-06-05］.https://www.globaltimes. cn/page/202306/1291857. shtml.

人民币国际化时间表
（2009 年 1 月—2022 年 7 月）

2009 年

1 月 20 日，中国人民银行与香港金融管理局签署了规模为 2 000 亿元人民币/2 270 亿港元的双边本币互换协议。

2 月 8 日，中国人民银行与马来西亚国家银行签署了规模为 800 亿元人民币/400 亿林吉特的双边本币互换协议。

3 月 11 日，中国人民银行与白俄罗斯共和国国家银行签署了规模为 200 亿元人民币/8 万亿白俄罗斯卢布的双边本币互换协议。

3 月 23 日，中国人民银行与印度尼西亚银行签署了规模为 1 000 亿元人民币/175 万亿印度尼西亚卢比的双边本币互换协议。

4 月 2 日，中国人民银行与阿根廷中央银行签署了规模为 700 亿元人民币/380 亿阿根廷比索的双边本币互换协议。

4 月 20 日，中国人民银行与韩国银行签署了规模为 1 800 亿元人民币/38 万亿韩元的双边本币互换协议。

6 月 29 日，中国人民银行与香港金融管理局就内地与香港跨境贸易人民币结算试点业务签订《补充合作备忘录（三）》。

7 月 1 日，中国人民银行、财政部、商务部、海关总署、国家税务总局和中国银行业监督管理委员会联合发布《跨境贸易人民币结算试点管理办法》（中国人民银行 财政部 商务部 海关总署 国家税务总局 中国银行业监督管理委员会公告〔2009〕第 10 号）。

7 月 3 日，中国人民银行与中国银行（香港）有限公司签署了修订后的《香港人民币业务清算协议》，配合跨境贸易人民币结算试点工作的开展。

7月3日，为贯彻落实《跨境贸易人民币结算试点管理办法》，中国人民银行发布《跨境贸易人民币结算试点管理办法实施细则》（银发〔2009〕212号）。

7月6日，上海市办理第一笔跨境贸易人民币结算业务；人民币跨境收付信息管理系统（RCPMIS）正式上线运行。

7月7日，广东省4个城市启动跨境贸易人民币结算试点工作。

7月14日，中国人民银行、财政部、商务部、海关总署、国家税务总局、中国银行业监督管理委员会联合向上海市和广东省政府发布了《关于同意跨境贸易人民币结算试点企业名单的函》（银办函〔2009〕472号），第一批试点企业正式获批开展出口货物贸易人民币结算业务，共计365家。

9月10日，中国人民银行和国家税务总局签署《跨境贸易人民币结算试点信息传输备忘录》。

9月15日，财政部首次在香港发行人民币国债，债券金额共计60亿元人民币。

12月22日，中国人民银行发布《跨境贸易人民币结算试点相关政策问题解答》。

2010 年

2 月 11 日，香港金融管理局发布《香港人民币业务的监管原则及操作安排的诠释》。

3 月 8 日，中国人民银行发布《人民币跨境收付信息管理系统管理暂行办法》（银发〔2010〕79 号）。

3 月 19 日，中国人民银行和海关总署签署《关于跨境贸易以人民币结算协调工作合作备忘录》。

3 月 24 日，中国人民银行与白俄罗斯共和国国家银行签署了《中白双边本币结算协议》。

6 月 9 日，中国人民银行与冰岛中央银行签署了规模为 35 亿元人民币/660 亿冰岛克朗的双边本币互换协议。

6 月 17 日，中国人民银行、财政部、商务部、海关总署、国家税务总局和中国银行业监督管理委员会联合发布《关于扩大跨境贸易人民币结算试点有关问题的通知》（银发〔2010〕186 号），扩大跨境贸易人民币结算试点范围。

7 月 19 日，中国人民银行与香港金融管理局在香港签署《补充合作备忘录（四）》，与中国银行（香港）有限公司签署修订后的《关于人民币业务的清算协议》。

7 月 23 日，中国人民银行与新加坡金融管理局签署了规模为 1 500 亿元人民币/300 亿新加坡元的双边本币互换协议。

8 月 17 日，中国人民银行发布《关于境外人民币清算行等三类机构运用人民币投资银行间债券市场试点有关事宜的通知》

（银发〔2010〕217号）。

8月19日，经中国人民银行授权，中国外汇交易中心在银行间外汇市场完善人民币对马来西亚林吉特的交易方式，发展人民币对马来西亚林吉特的直接交易。

8月31日，中国人民银行发布《境外机构人民币银行结算账户管理办法》（银发〔2010〕249号）。

11月22日，经中国人民银行授权，中国外汇交易中心在银行间外汇市场完善人民币对俄罗斯卢布的交易方式，发展人民币对俄罗斯卢布的直接交易。

2011 年

1月6日，中国人民银行发布《境外直接投资人民币结算试点管理办法》（中国人民银行公告〔2011〕第1号），允许跨境贸易人民币结算试点地区的银行和企业开展境外直接投资人民币结算试点，银行可以按照有关规定向境内机构在境外投资的企业或项目发放人民币贷款。

4月18日，中国人民银行与新西兰储备银行签署了规模为250亿元人民币/50亿新西兰元的双边本币互换协议。

4月19日，中国人民银行与乌兹别克斯坦共和国中央银行签署了规模为7亿元人民币/1 670亿乌兹别克斯坦苏姆的双边本币互换协议。

5月6日，中国人民银行与蒙古银行签署了规模为50亿元人民币/1万亿蒙古图格里克的双边本币互换协议。

6 月 3 日，中国人民银行发布《关于明确跨境人民币业务相关问题的通知》（银发〔2011〕145 号）。

6 月 9 日，昆明富滇银行与老挝大众银行共同推出人民币与老挝基普的挂牌汇率。

6 月 13 日，中国人民银行与哈萨克斯坦国家银行签署了规模为 70 亿元人民币/1 500 亿坚戈的双边本币互换协议。

6 月 23 日，中国人民银行与俄罗斯联邦中央银行签订了新的双边本币结算协定，规定两国经济活动主体可自行决定用自由兑换货币、人民币和卢布进行商品和服务的结算与支付。

6 月 28 日，中国工商银行广西分行和中国银行新疆分行相继推出人民币兑越南盾、哈萨克斯坦坚戈挂牌交易。

6 月 30 日，交通银行青岛分行、韩国企业银行青岛分行推出人民币对韩元的柜台挂牌交易。

7 月 27 日，中国人民银行、财政部、商务部、海关总署、国家税务总局、中国银行业监督管理委员会发布《关于扩大跨境贸易人民币结算地区的通知》（银发〔2011〕203 号），明确将跨境贸易人民币结算境内地域范围扩大至全国。

10 月 13 日，中国人民银行发布《外商直接投资人民币结算业务管理办法》（中国人民银行公告〔2011〕第 23 号）。

10 月 24 日，中国人民银行发布《关于境内银行业金融机构境外项目人民币贷款的指导意见》（银发〔2011〕255 号）。

10 月 26 日，中国人民银行与韩国银行续签双边本币互换协议，互换规模由原来的 1 800 亿元人民币/38 万亿韩元扩大至 3 600亿元人民币/64 万亿韩元。

11 月 4 日，根据中国人民银行公告〔2003〕第 16 号确定的选择中国香港人民币业务清算行的原则和标准，中国人民银行授权中国银行（香港）有限公司继续担任中国香港人民币业务清算行（中国人民银行公告〔2011〕第 25 号）。

11 月 22 日，中国人民银行与香港金融管理局续签双边本币互换协议，互换规模由原来的 2 000 亿元人民币/2 270 亿港元扩大至 4 000亿元人民币/4 900 亿港元。

12 月 16 日，中国证券监督管理委员会、中国人民银行、国家外汇管理局联合发布《基金管理公司、证券公司人民币合格境外机构投资者境内证券投资试点办法》（证监会令第 76 号）。

12 月 22 日，中国人民银行与泰国银行签署了中泰双边本币互换协议，互换规模为 700 亿元人民币/3 200 亿泰铢。

12 月 23 日，中国人民银行与巴基斯坦国家银行签署了中巴双边本币互换协议，互换规模为 100 亿元人民币/1 400 亿巴基斯坦卢比。

12 月 29 日，人民币对泰铢银行间市场区域交易在云南省成功推出，这是我国首例人民币对非主要国际储备货币在银行间市场的区域交易。

12 月 31 日，中国人民银行发布《关于实施〈基金管理公司、证券公司人民币合格境外机构投资者境内证券投资试点办法〉有关事项的通知》（银发〔2011〕321 号）。

2012 年

1 月 17 日，中国人民银行与阿联酋中央银行在迪拜签署了规模为 350 亿元人民币/200 亿迪拉姆的双边本币互换协议。

2月6日，中国人民银行、财政部、商务部、海关总署、国家税务总局和中国银行业监督管理委员会联合发布《关于出口货物贸易人民币结算企业管理有关问题的通知》（银发〔2012〕23号）。

2月8日，中国人民银行与马来西亚国家银行续签了中马双边本币互换协议，互换规模由原来的800亿元人民币/400亿林吉特扩大至1 800亿元人民币/900亿林吉特。

2月21日，中国人民银行与土耳其共和国中央银行签署了规模为100亿元人民币/30亿土耳其里拉的双边本币互换协议。

3月20日，中国人民银行与蒙古银行签署了中蒙双边本币互换补充协议，互换规模由原来的50亿元人民币/1万亿图格里克扩大至100亿元人民币/2万亿图格里克。

3月22日，中国人民银行与澳大利亚储备银行签署了规模为2 000亿元人民币/300亿澳大利亚元的双边本币互换协议。

4月3日，经国务院批准，中国香港人民币合格境外机构投资者（RQFII）试点额度扩大500亿元人民币。

6月1日，经中国人民银行授权，中国外汇交易中心在银行间外汇市场完善人民币对日元的交易方式，发展人民币对日元的直接交易。

6月26日，中国人民银行与乌克兰国家银行签署了规模为150亿元人民币/190亿格里夫纳的双边本币互换协议。

6月29日，中国人民银行发布《关于明确外商直接投资人民币结算业务操作细则的通知》（银发〔2012〕165号）。

7月31日，中国人民银行发布《境外机构人民币银行结算账户开立和使用有关问题的通知》（银发〔2012〕183号）。

8月31日，中国人民银行与中国台湾货币管理机构签署

《海峡两岸货币清算合作备忘录》。

9月24日，中国人民银行与中国银行澳门分行续签《关于人民币业务的清算协议》。

11月13日，经国务院批准，中国香港人民币合格境外机构投资者（RQFII）试点额度扩大2 000亿元人民币。

12月11日，中国人民银行授权中国银行台北分行担任中国台湾人民币业务清算行。

2013 年

1月25日，中国人民银行与中国银行台北分行签订《关于人民币业务的清算协议》。

2月8日，中国人民银行授权中国工商银行新加坡分行担任新加坡人民币业务清算行，并于4月与其签订《关于人民币业务的清算协议》。

3月1日，中国证券监督管理委员会、中国人民银行、国家外汇管理局联合发布《人民币合格境外机构投资者境内证券投资试点办法》（证监会令第90号）。

3月7日，中国人民银行与新加坡金融管理局续签了规模为3 000亿元人民币/600亿新加坡元的双边本币互换协议。

3月13日，中国人民银行发布《关于合格境外机构投资者投资银行间债券市场有关事项的通知》（银发〔2013〕694号）。

3月26日，中国人民银行与巴西中央银行签署了规模为1 900亿元人民币/600亿巴西雷亚尔的双边本币互换协议。

4 月 10 日，经中国人民银行授权，中国外汇交易中心在银行间外汇市场完善人民币对澳元的交易方式，发展人民币对澳元的直接交易。

4 月 25 日，中国人民银行发布《关于实施〈人民币合格境外机构投资者境内证券投资试点办法〉有关事项的通知》（银发〔2013〕105 号）。

6 月 21 日，两岸签署《海峡两岸服务贸易协议》，允许台资金融机构以人民币合格境外机构投资者方式投资大陆资本市场，投资额度为 1 000 亿元。

6 月 22 日，中国人民银行与英格兰银行签署了规模为 2 000 亿元人民币/200 亿英镑的双边本币互换协议。

7 月 9 日，中国人民银行发布《关于简化跨境人民币业务流程和完善有关政策的通知》（银发〔2013〕168 号）。

8 月 23 日，中国人民银行办公厅发布《关于优化人民币跨境收付信息管理系统信息报送流程的通知》（银办发〔2013〕188 号）。

9 月 9 日，中国人民银行与匈牙利中央银行签署了规模为 100 亿元人民币/3 750 亿匈牙利福林的双边本币互换协议。

9 月 11 日，中国人民银行与冰岛中央银行续签了规模为 35 亿元人民币/660 亿冰岛克朗的双边本币互换协议。

9 月 12 日，中国人民银行与阿尔巴尼亚银行签署了规模为 20 亿元人民币/358 亿阿尔巴尼亚列克的双边本币互换协议。

9 月 23 日，中国人民银行发布《关于境外投资者投资境内金融机构人民币结算有关事项的通知》（银发〔2013〕225 号）。

10 月 1 日，中国人民银行与印度尼西亚银行续签了规模为 1 000 亿元人民币/175 万亿印度尼西亚卢比的双边本币互换协议。

10 月 8 日，中国人民银行与欧洲中央银行签署了规模为 3 500 亿元人民币/450 亿欧元的双边本币互换协议。

10 月 15 日，第五次中英经济财金对话宣布给予英国 800 亿元人民币合格境外机构投资者额度。

10 月 22 日，中新双边合作联合委员会第十次会议宣布给予新加坡 500 亿元人民币合格境外机构投资者额度。

12 月 31 日，中国人民银行发布《关于调整人民币购售业务管理的通知》（银发〔2013〕321 号）。

2014 年

3 月 14 日，中国人民银行、财政部、商务部、海关总署、国家税务总局和中国银行业监督管理委员会联合发布《关于简化出口货物贸易人民币结算企业管理有关事项的通知》（银发〔2014〕80 号）。

3 月 19 日，经中国人民银行授权，中国外汇交易中心在银行间外汇市场完善人民币对新西兰元的交易方式，发展人民币对新西兰元的直接交易。

3 月 26 日，中法联合声明宣布给予法国 800 亿元人民币合格境外机构投资者额度。

3 月 28 日，中国人民银行与德意志联邦银行签署了在法兰克福建立人民币清算安排的合作备忘录。

3 月 31 日，中国人民银行与英格兰银行签署了在伦敦建立人民币清算安排的合作备忘录。

4 月 25 日，中国人民银行与新西兰储备银行续签了规模为 250 亿元人民币/50 亿新西兰元的双边本币互换协议。

6 月 11 日，中国人民银行发布《关于贯彻落实〈国务院办公厅关于支持外贸稳定增长的若干意见〉的指导意见》（银发〔2014〕168 号）。

6 月 17 日，中国人民银行授权中国建设银行（伦敦）有限公司担任伦敦人民币业务清算行。

6 月 18 日，中国人民银行授权中国银行法兰克福分行担任法兰克福人民币业务清算行。

6 月 19 日，经中国人民银行授权，中国外汇交易中心在银行间外汇市场完善人民币对英镑的交易方式，发展人民币对英镑的直接交易。

6 月 28 日，中国人民银行与法兰西银行签署了在巴黎建立人民币清算安排的合作备忘录，与卢森堡中央银行签署了在卢森堡建立人民币清算安排的合作备忘录。

7 月 3 日，中国人民银行与韩国银行签署了在首尔建立人民币清算安排的合作备忘录，给予韩国 800 亿元人民币合格境外机构投资者额度；4 日，授权交通银行首尔分行担任首尔人民币业务清算行。

7 月 7 日，在德国总理默克尔来华访问期间，时任总理李克强宣布给予德国 800 亿元人民币合格境外机构投资者额度。

7 月 18 日，中国人民银行与阿根廷中央银行续签了规模为 700 亿元人民币/900 亿阿根廷比索的双边本币互换协议。

7 月 21 日，中国人民银行与瑞士国家银行签署了规模为 1 500 亿元人民币/210 亿瑞士法郎的双边本币互换协议。

8 月 21 日，中国人民银行与蒙古银行续签了规模为 150 亿元人民币/4.5 万亿蒙古图格里克的双边本币互换协议。

9 月 5 日，中国人民银行授权中国银行巴黎分行担任巴黎人民币业务清算行，授权中国工商银行卢森堡分行担任卢森堡人民币业务清算行。

9 月 16 日，中国人民银行与斯里兰卡中央银行签署了规模为 100 亿元人民币/2 250 亿斯里兰卡卢比的双边本币互换协议。

9 月 28 日，中国人民银行办公厅发布《关于境外机构在境内发行人民币债务融资工具跨境人民币结算有关事宜的通知》（银办发〔2014〕221 号）。

9 月 30 日，经中国人民银行授权，中国外汇交易中心在银行间外汇市场完善人民币对欧元的交易方式，发展人民币对欧元的直接交易。

10 月 11 日，中国人民银行与韩国银行续签了规模为 3 600 亿元人民币/64 万亿韩元的双边本币互换协议。

10 月 13 日，中国人民银行与俄罗斯联邦中央银行签署了规模为 1 500 亿元人民币/8 150 亿卢布的双边本币互换协议。

11 月 1 日，中国人民银行发布《关于跨国企业集团开展跨境人民币资金集中运营业务有关事宜的通知》（银发〔2014〕324 号）。

11 月 3 日，中国人民银行与卡塔尔中央银行签署了在多哈建立人民币清算安排的合作备忘录，签署了规模为 350 亿元人民币/208 亿里亚尔的双边本币互换协议，给予卡塔尔 300 亿元人民币合格境外机构投资者额度；4 日，授权中国工商银行多哈分行担任多哈人民币业务清算行。

11 月 4 日，中国人民银行、中国证券监督管理委员会联合发布《关于沪港股票市场交易互联互通机制试点有关问题的通知》（银发〔2014〕336 号）。

11 月 5 日，中国人民银行发布《关于人民币合格境内机构投资者境外证券投资有关事项的通知》（银发〔2014〕331 号）。

11 月 8 日，中国人民银行与加拿大银行签署了在加拿大建立人民币清算安排的合作备忘录，签署了规模为 2 000 亿元人民币/300 亿加元的双边本币互换协议，并给予加拿大 500 亿元人民币合格境外机构投资者额度；9 日，授权中国工商银行（加拿大）有限公司担任多伦多人民币业务清算行。

11 月 10 日，中国人民银行与马来西亚国家银行签署了在吉隆坡建立人民币清算安排的合作备忘录。

11 月 17 日，中国人民银行与澳大利亚储备银行签署了在澳大利亚建立人民币清算安排的合作备忘录，给予澳大利亚 500 亿元人民币合格境外机构投资者额度；18 日，授权中国银行悉尼分行担任悉尼人民币业务清算行。

11 月 22 日，中国人民银行与香港金融管理局续签了规模为 4 000亿元人民币/5 050 亿港元的货币互换协议。

12 月 14 日，中国人民银行与哈萨克斯坦国家银行续签了规模为 70 亿元人民币/2 000 亿哈萨克斯坦坚戈的双边本币互换协议；15 日，经中国人民银行批准，中国外汇交易中心正式推出人民币对哈萨克斯坦坚戈银行间区域交易。

12 月 22 日，中国人民银行与泰国银行签署了在泰国建立人民币清算安排的合作备忘录，并续签了规模为 700 亿元人民币/3 700亿泰铢的双边本币互换协议。

12 月 23 日，中国人民银行与巴基斯坦国家银行续签了规模为 100 亿元人民币/1 650 亿巴基斯坦卢比的双边本币互换协议。

2015 年

1 月 5 日，中国人民银行授权中国银行（马来西亚）有限公司担任吉隆坡人民币业务清算行，授权中国工商银行（泰国）有限公司担任曼谷人民币业务清算行。

1 月 21 日，中国人民银行与瑞士国家银行签署合作备忘录，就在瑞士建立人民币清算安排有关事宜达成一致。给予瑞士 500 亿元人民币合格境外机构投资者额度。

3 月 18 日，中国人民银行与苏里南中央银行签署了规模为 10 亿元人民币/5.2 亿苏里南元的双边本币互换协议。

3 月 25 日，中国人民银行与亚美尼亚中央银行签署了规模为 10 亿元人民币/770 亿亚美尼亚德拉姆的双边本币互换协议。

3 月 30 日，中国人民银行与澳大利亚储备银行续签了规模为 2 000 亿元人民币/400 亿澳大利亚元的双边本币互换协议。

4 月 10 日，中国人民银行与南非储备银行签署了规模为 300 亿元人民币/540 亿南非兰特的双边本币互换协议。

4 月 17 日，中国人民银行与马来西亚国家银行续签了规模为 1 800 亿元人民币/900 亿马来西亚林吉特的双边本币互换协议。

4 月 29 日，人民币合格境外机构投资者试点地区扩大至卢森堡，初始投资额度为 500 亿元人民币。

5 月 10 日，中国人民银行与白俄罗斯共和国国家银行续签了规模为 70 亿元人民币/16 万亿白俄罗斯卢布的双边本币互换协议。

5 月 15 日，中国人民银行与乌克兰国家银行续签了规模为 150 亿元人民币/540 亿乌克兰格里夫纳的双边本币互换协议。

5 月 25 日，中国人民银行与智利中央银行签署了在智利建立人民币清算安排的合作备忘录，并签署了规模为 220 亿元人民币/2.2 万亿智利比索的双边本币互换协议。给予智利 500 亿元人民币合格境外机构投资者额度。同日，授权中国建设银行智利分行担任智利人民币业务清算行。

6 月 1 日，中国人民银行发布《关于境外人民币业务清算行、境外参加银行开展银行间债券市场债券回购交易的通知》（银发〔2015〕170 号）。

6 月 11 日，中国人民银行发布《人民币国际化报告（2015）》。

6 月 27 日，中国人民银行与匈牙利中央银行签署了在匈牙利建立人民币清算安排的合作备忘录和《中国人民银行代理匈牙利中央银行投资中国银行间债券市场的代理投资协议》，给予匈牙利 500 亿元人民币合格境外机构投资者额度；28 日，授权中国银行匈牙利分行担任匈牙利人民币业务清算行。

7 月 7 日，中国人民银行与南非储备银行签署了在南非建立人民币清算安排的合作备忘录；8 日，授权中国银行约翰内斯堡分行担任南非人民币业务清算行。7 月 14 日，中国人民银行印发《关于境外央行、国际金融组织、主权财富基金运用人民币投资银行间市场有关事宜的通知》（银发〔2015〕220 号），对境外央行类机构简化了入市流程，取消了额度限制，允许其自主选择中国人民银行或银行间市场结算代理人为其代理交易结算，并拓宽其可投资品种。

7 月 24 日，发布中国人民银行公告〔2015〕第 19 号，明确境内原油期货以人民币为计价货币，引入境外交易者和境外经纪机构参与交易等。

8月11日，中国人民银行发布关于完善人民币兑美元汇率中间价报价的声明。自2015年8月11日起，做市商在每日银行间外汇市场开盘前，参考上日银行间外汇市场的收盘汇率，综合考虑外汇供求情况以及国际主要货币汇率变化向中国外汇交易中心提供中间价报价。

9月3日，中国人民银行与塔吉克斯坦国家银行签署了规模为30亿元人民币/30亿索摩尼的双边本币互换协议。

9月7日，中国人民银行印发《关于进一步便利跨国企业集团开展跨境双向人民币资金池业务的通知》（银发〔2015〕279号）。

9月17日，中国人民银行与阿根廷中央银行签署了在阿根廷建立人民币清算安排的合作备忘录；18日，授权中国工商银行（阿根廷）股份有限公司担任阿根廷人民币业务清算行。

9月21日，中国人民银行批复同意香港上海汇丰银行有限公司和中国银行（香港）有限公司在银行间债券市场发行金融债券，这是国际性商业银行首次获准在银行间债券市场发行人民币债券。

9月26日，中国人民银行与土耳其共和国中央银行续签了规模为120亿元人民币/50亿土耳其里拉的双边本币互换协议。

9月27日，中国人民银行与格鲁吉亚国家银行签署了双边本币互换框架协议。

9月29日，中国人民银行与赞比亚中央银行签署了在赞比亚建立人民币清算安排的合作备忘录；30日，授权赞比亚中国银行担任赞比亚人民币业务清算行。

9 月 29 日，中国人民银行与吉尔吉斯共和国国家银行签署了加强合作的意向协议。

9 月 30 日，中国人民银行公告〔2015〕第 31 号发布，允许境外央行（货币当局）和其他官方储备管理机构、国际金融组织、主权财富基金依法合规参与中国银行间外汇市场。

10 月 8 日，人民币跨境支付系统（一期）成功上线运行。

10 月 20 日，中国人民银行在伦敦采用簿记建档方式成功发行了 50 亿元人民币央行票据，期限 1 年，票面利率 3.1%。这是中国人民银行首次在中国以外地区发行以人民币计价的央行票据。

10 月 20 日，中国人民银行与英格兰银行续签了规模为 3 500 亿元人民币/350 亿英镑的双边本币互换协议。

11 月 2 日，为满足境外中央银行、货币当局、其他官方储备管理机构、国际金融组织以及主权财富基金在境内开展相关业务的实际需要，中国人民银行办公厅发布《关于境外中央银行类机构在境内银行业金融机构开立人民币银行结算账户有关事项的通知》（银办发〔2015〕227 号）。

11 月 6 日，中国人民银行、国家外汇管理局发布《内地与香港证券投资基金跨境发行销售资金管理操作指引》（中国人民银行 外汇局公告〔2015〕第 36 号）。

11 月 9 日，经中国人民银行授权，中国外汇交易中心宣布在银行间外汇市场开展人民币对瑞士法郎的直接交易。

11 月 18 日，中欧国际交易所股份有限公司举行成立仪式，并挂牌首批人民币计价和结算的证券现货产品。

11 月 23 日，人民币合格境外机构投资者试点地区扩大至马来西亚，投资额度为 500 亿元人民币。

11 月 25 日，首批境外央行类机构在中国外汇交易中心完成备案，正式进入中国银行间外汇市场。

11 月 27 日，中国银行间市场交易商协会接受加拿大不列颠哥伦比亚省在中国银行间债券市场发行 60 亿元人民币主权债券的注册。

11 月 30 日，国际货币基金组织执董会决定将人民币纳入特别提款权（SDR）货币篮子，SDR 货币篮子相应扩大至美元、欧元、人民币、日元、英镑 5 种货币，人民币在 SDR 货币篮子中的权重为 10.92%，新的 SDR 货币篮子将于 2016 年 10 月 1 日生效。同日，中国人民银行授权中国建设银行苏黎世分行担任瑞士人民币业务清算行。

12 月 7 日，中国银行间市场交易商协会接受韩国政府在中国银行间债券市场发行 30 亿元人民币主权债券的注册。

12 月 14 日，中国人民银行与阿联酋中央银行续签了规模为 350 亿元人民币/200 亿阿联酋迪拉姆的双边本币互换协议。同日，双方签署了在阿联酋建立人民币清算安排的合作备忘录，并同意将人民币合格境外机构投资者试点地区扩大至阿联酋，投资额度为 500 亿元人民币。

12 月 17 日，人民币合格境外机构投资者试点地区扩大至泰国，投资额度为 500 亿元人民币。

2016 年

1 月 20 日，中国人民银行办公厅印发《关于调整境外机构人民币银行结算账户资金使用有关事宜的通知》（银办发〔2016〕15 号）。

1 月 22 日，中国人民银行印发《关于扩大全口径跨境融资宏观审慎管理试点的通知》（银发〔2016〕18 号）。

2 月 24 日，中国人民银行发布 2016 年第 3 号公告，便利符合条件的境外机构投资者投资银行间债券市场（中国人民银行公告〔2016〕第 3 号）。

3 月 7 日，中国人民银行与新加坡金管局续签双边本币互换协议，协议规模为 3 000 亿元人民币/640 亿新加坡元，有效期为 3 年。

4 月 29 日，中国人民银行印发《关于在全国范围内实施全口径跨境融资宏观审慎管理的通知》（银发〔2016〕132 号）。

5 月 11 日，中国人民银行与摩洛哥银行签署双边本币互换协议，协议规模为 100 亿元人民币/150 亿迪拉姆，有效期为 3 年。

6 月 7 日，中国人民银行与美国联邦储备委员会签署了在美国建立人民币清算安排的合作备忘录，并给予美国 2 500 亿元人民币合格境外机构投资者额度。

6 月 17 日，中国人民银行与塞尔维亚中央银行签署双边本币互换协议，协议规模为 15 亿元人民币/270 亿塞尔维亚第纳尔，有效期为 3 年。

6 月 20 日，经中国人民银行授权，中国外汇交易中心在银行间外汇市场完善人民币对南非兰特的交易方式，发展人民币对南非兰特的直接交易。

6 月 25 日，中国人民银行与俄罗斯联邦中央银行签署了在俄罗斯建立人民币清算安排的合作备忘录。

6 月 27 日，经中国人民银行授权，中国外汇交易中心在银行间外汇市场完善人民币对韩元的交易方式，发展人民币对韩元的直接交易。

7 月 11 日，中国银行（香港）有限公司以直接参与者身份接入人民币跨境支付系统（CIPS），这是 CIPS 的首家境外直接参与者；同日，中信银行、上海银行、广东发展银行、江苏银行、三菱东京日联银行（中国）有限公司、瑞穗银行（中国）有限公司、恒生银行（中国）有限公司等以直接参与者身份接入 CIPS，CIPS 直接参与者数量增加至 27 家。

8 月 10 日，中国人民银行办公厅印发《关于波兰共和国在银行间债券市场发行人民币债券有关事项的批复》，同意受理波兰共和国在银行间债券市场发行人民币债券的注册申请（银办函〔2016〕378 号）。

8 月 30 日，中国人民银行、国家外汇管理局联合发布《关于人民币合格境外机构投资者境内证券投资管理有关问题的通知》（银发〔2016〕227 号）。

9 月 12 日，中国人民银行与匈牙利央行续签双边本币互换协议，协议规模为 100 亿元人民币/4 160 亿匈牙利福林，有效期为 3 年。

9 月 20 日，中国人民银行发布 2016 年第 23 号公告，授权中国银行纽约分行担任美国人民币业务清算行（中国人民银行公告〔2016〕第 23 号）。

9 月 23 日，中国人民银行发布 2016 年第 24 号公告，授权中国工商银行（莫斯科）股份有限公司担任俄罗斯人民币业务清算行（中国人民银行公告〔2016〕第 24 号）。

9 月 26 日，经中国人民银行授权，中国外汇交易中心开始在银行间外汇市场开展人民币对沙特里亚尔的直接交易。

9 月 26 日，经中国人民银行授权，中国外汇交易中心开始在银行间外汇市场开展人民币对阿联酋迪拉姆的直接交易。

9 月 27 日，中国人民银行与欧洲中央银行签署补充协议，决定将双边本币互换协议有效期延长 3 年至 2019 年 10 月 8 日。互换规模仍为 3 500 亿元人民币/450 亿欧元。

11 月 4 日，中国人民银行、中国证券监督管理委员会联合发布《关于内地与香港股票市场交易互联互通机制有关问题的通知》（银发〔2016〕282 号）。12 月 5 日，正式启动深港通。

11 月 14 日，经中国人民银行授权，中国外汇交易中心在银行间外汇市场完善人民币对加拿大元的交易方式，开展人民币对加拿大元的直接交易。

11 月 29 日，中国人民银行印发《中国人民银行关于进一步明确境内企业境外放款业务有关事项的通知》（银发〔2016〕306 号）。

12 月 6 日，中国人民银行与埃及中央银行签署双边本币互换协议，协议规模为 180 亿元人民币/470 亿埃及镑，有效期为 3 年。

12 月 9 日，中国人民银行发布 2016 年第 30 号公告，授权中国农业银行迪拜分行担任阿联酋人民币业务清算行（中国人民银行公告〔2016〕第 30 号）。

12 月 12 日，经中国人民银行授权，中国外汇交易中心开始在银行间外汇市场开展人民币对墨西哥比索的直接交易。

12 月 12 日，经中国人民银行授权，中国外汇交易中心开始在银行间外汇市场开展人民币对土耳其里拉的直接交易。

12 月 12 日，经中国人民银行授权，中国外汇交易中心开始在银行间外汇市场开展人民币对波兰兹罗提的直接交易。

12 月 12 日，经中国人民银行授权，中国外汇交易中心开始在银行间外汇市场开展人民币对丹麦克朗的直接交易。

12 月 12 日，经中国人民银行授权，中国外汇交易中心开始在银行间外汇市场开展人民币对匈牙利福林的直接交易。

12 月 12 日，经中国人民银行授权，中国外汇交易中心开始在银行间外汇市场开展人民币对挪威克朗的直接交易。

12 月 12 日，经中国人民银行授权，中国外汇交易中心开始在银行间外汇市场开展人民币对瑞典克朗的直接交易。

12 月 21 日，中国人民银行与冰岛中央银行续签双边本币互换协议，协议规模为 35 亿元人民币/660 亿冰岛克朗，有效期为 3 年。

12 月 26 日，中国人民银行办公厅印发《中国人民银行办公厅关于境外机构境内发行人民币债券跨境人民币结算业务有关事宜的通知》（银办发〔2016〕258 号）。

2017 年

1 月 13 日，中国人民银行发布《关于全口径跨境融资宏观审慎管理有关事宜的通知》（银发〔2017〕9 号）。

3 月 20 日，中国人民银行与中国银行纽约分行签署《关于人民币业务的清算协议》。

3 月 20 日，中国人民银行与中国工商银行（莫斯科）股份有限公司签署《关于人民币业务的清算协议》。

3 月 20 日，中国人民银行与中国农业银行迪拜分行签署《关于人民币业务的清算协议》。

5 月 19 日，中国人民银行与新西兰储备银行续签双边本币互换协议，协议规模为 250 亿元人民币/50 亿新西兰元，有效期为 3 年。

5 月 23 日，中国人民银行发布《关于印发〈人民币跨境收付信息管理系统管理办法〉的通知》（银发〔2017〕126 号）。

5 月 27 日，中国人民银行办公厅发布《关于完善人民币跨境收付信息管理系统银行间业务数据报送流程的通知》（银办发〔2017〕118 号）。

6 月 29 日，中国人民银行与中国银行（香港）有限公司续签《关于人民币业务的清算协议》。

7 月 4 日，经国务院批准，中国香港人民币合格境外机构投资者额度扩大至 5 000 亿元人民币。

7 月 6 日，中国人民银行与蒙古银行续签双边本币互换协议，协议规模为 150 亿元人民币/5.4 万亿蒙古国图格里克，有效期为 3 年。

7 月 18 日，中国人民银行与阿根廷央行续签双边本币互换协议，规模为 700 亿元人民币/1 750 亿阿根廷比索，有效期为 3 年。

7 月 21 日，中国人民银行与瑞士国家银行续签双边本币互换协议，协议规模为 1 500 亿元人民币/210 亿瑞士法郎，有效期为 3 年。

8 月 11 日，经中国人民银行授权，中国外汇交易中心开展人民币对蒙古图格里克的银行间市场区域交易。

9 月 13 日，经中国人民银行授权，中国外汇交易中心开展人民币对柬埔寨瑞尔的银行间市场区域交易。

9 月 21 日，中国人民银行与中国银行澳门分行续签《关于人民币业务的清算协议》。

10 月 11 日，中国人民银行与韩国银行续签双边本币互换协议，协议规模为 3 600 亿元人民币/64 万亿韩元，有效期为 3 年。

11 月 2 日，中国人民银行与卡塔尔中央银行续签双边本币互换协议，协议规模为 350 亿元人民币/208 亿里亚尔，有效期为 3 年。

11 月 8 日，中国人民银行与加拿大银行续签双边本币互换协议，协议规模为 2 000 亿元人民币/300 亿加拿大元，有效期为 3 年。

11 月 22 日，中国人民银行与香港金管局续签双边本币互换协议，协议规模为 4 000 亿元人民币/4 700 亿港元，有效期为 3 年。

11 月 22 日，中国人民银行与俄罗斯联邦中央银行续签双边本币互换协议，协议规模为 1 500 亿元人民币/13 250 亿卢布，有效期为 3 年。

12 月 22 日，中国人民银行与泰国银行续签双边本币互换协议，协议规模为 700 亿元人民币/3 700 亿泰铢，有效期为 3 年。

2018 年

1 月 4 日，中国人民银行与中国银行台北分行续签《关于人民币业务的清算协议》。

1 月 5 日，中国人民银行印发《关于进一步完善人民币跨境业务政策促进贸易投资便利化的通知》（银发〔2018〕3 号），明确凡依法可使用外汇结算的跨境交易，企业都可以使用人民币结算。

1 月 5 日，中国外汇交易中心发布《关于境外银行参与银行间外汇市场区域交易有关事项的公告》，同意符合条件的境外银行参与银行间外汇市场区域交易。

2 月 9 日，中国人民银行授权美国摩根大通银行担任美国人民币业务清算行。

3 月 26 日，人民币跨境支付系统二期投产试运行。

3 月 26 日，以人民币计价结算的原油期货在上海国际能源交易中心挂牌交易。

3 月 30 日，中国人民银行与澳大利亚储备银行续签规模为 2 000亿元人民币/400 亿澳大利亚元的双边本币互换协议。

4 月 3 日，中国人民银行与阿尔巴尼亚中央银行续签规模为

20 亿元人民币/342 亿阿尔巴尼亚列克的双边本币互换协议。

4 月 11 日，中国人民银行与南非储备银行续签规模为 300 亿元人民币/540 亿南非兰特的双边本币互换协议。

4 月 20 日，为进一步规范人民币合格境内机构投资者境外证券投资活动，中国人民银行办公厅印发《关于进一步明确人民币合格境内机构投资者境外证券投资管理有关事项的通知》（银办发〔2018〕81 号）。

4 月 27 日，中国人民银行与尼日利亚中央银行签署规模为 150 亿元人民币/7 200 亿奈拉的双边本币互换协议。

5 月 1 日，将"沪股通"及"深股通"每日额度扩大 4 倍，北上每日额度从 130 亿元调整为 520 亿元，南下每日额度从 105 亿元调整为 420 亿元。

5 月 2 日，人民币跨境支付系统二期全面投产，符合要求的直接参与者同步上线。

5 月 4 日，以人民币计价的大连商品交易所铁矿石期货正式引入境外交易者。

5 月 9 日，人民币合格境外机构投资者试点地区扩大至日本，投资额度为 2 000 亿元。

5 月 10 日，中国人民银行与白俄罗斯共和国国家银行续签规模为 70 亿元人民币/22.2 亿白俄罗斯卢布的双边本币互换协议。

5 月 16 日，为进一步完善跨境资金流动管理，推进金融市场开放，中国人民银行办公厅印发《关于进一步完善跨境资金流动管理，支持金融市场开放有关事宜的通知》（银办发〔2018〕96 号）。

5 月 23 日，中国人民银行与巴基斯坦国家银行续签规模为

200 亿元人民币/3 510 亿巴基斯坦卢比的双边本币互换协议。

5 月 25 日，中国人民银行与智利中央银行续签规模为 220 亿元人民币/22 000 亿智利比索的双边本币互换协议。

5 月 28 日，中国人民银行与哈萨克斯坦国家银行续签规模为 70 亿元人民币/3 500 亿哈萨克斯坦坚戈的双边本币互换协议。

6 月 1 日，中国 A 股股票正式纳入明晟（MSCI）新兴市场指数和全球基准指数，有利于吸引境外投资者配置人民币股票资产。

6 月 11 日，为规范人民币合格境外机构投资者境内证券投资管理，中国人民银行、国家外汇管理局发布《关于人民币合格境外机构投资者境内证券投资管理有关问题的通知》（银发〔2018〕157 号）。

6 月 13 日，为进一步完善人民币购售业务管理，中国人民银行发布《关于完善人民币购售业务管理有关问题的通知》（银发〔2018〕159 号），开放了证券投资项下跨境人民币购售业务。

8 月 20 日，中国人民银行与马来西亚国家银行续签规模为 1 800 亿元人民币/1 100 亿马来西亚林吉特的双边本币互换协议。

9 月 3 日，中国外汇交易中心正式引入中国工商银行（阿拉木图）股份公司与工银标准银行公众有限公司参与银行间外汇市场人民币对坚戈的区域交易，并决定延长人民币对坚戈区域交易的时间，由 10：30—16：30 调整为 10：30—19：00。

9 月 8 日，为促进全国银行间债券市场对外开放、规范境外机构债券发行、保护债券市场投资者的合法权益，中国人民银行和财政部联合下发《全国银行间债券市场境外机构债券发行管理暂行办法》（中国人民银行 财政部公告〔2018〕第 16 号）。

9 月 20 日，中国人民银行和香港金融管理局签署了《关于使用债务工具中央结算系统发行中国人民银行票据的合作备忘录》。

10月13日，中国人民银行与英格兰银行续签规模为3 500亿元人民币/400亿英镑的双边本币互换协议。

10月22日，中国人民银行与日本银行签署了在日本建立人民币清算安排的合作备忘录；26日，授权中国银行东京分行担任日本人民币业务清算行。

10月26日，中国人民银行与日本银行签署规模为2 000亿元人民币/34 000亿日元的双边本币互换协议。

11月7日，中国人民银行通过香港金融管理局债务工具中央结算系统（CMU）债券投标平台，首次招标发行人民币央行票据。

11月16日，中国人民银行与印度尼西亚银行续签规模为2 000亿元人民币/440万亿印度尼西亚卢比的双边本币互换协议。

11月20日，中国人民银行与菲律宾中央银行签署了在菲律宾建立人民币清算安排的合作备忘录。

11月30日，以人民币计价的精对苯二甲酸期货正式引入境外交易者。

12月10日，中国人民银行与乌克兰国家银行续签规模为150亿元人民币/620亿乌克兰格里夫纳的双边本币互换协议。

2019 年

1 月 31 日，彭博公司正式确认将于 2019 年 4 月起将中国债券纳入彭博巴克莱债券指数。

2 月 11 日，中国人民银行与苏里南中央银行续签规模为 10 亿元人民币/11 亿苏里南元的双边本币互换协议。

2 月 28 日，明晟（MSCI）宣布，大幅提升 A 股在其全球指数中的权重，分三阶段将纳入因子由 5% 增加至 20%。

5 月 10 日，中国人民银行与新加坡金融管理局续签规模为 3 000 亿元人民币/610 亿新加坡元的双边本币互换协议。

5 月 30 日，中国人民银行与土耳其共和国中央银行续签规模为 120 亿元人民币/109 亿土耳其里拉的双边本币互换协议。

5 月 30 日，中国人民银行发布 2019 年第 11 号公告，授权日本三菱日联银行担任日本人民币业务清算行（中国人民银行公告〔2019〕第 11 号）。

6 月 5 日，人民币合格境外机构投资者试点地区扩大至荷兰，投资额度为 500 亿元人民币。

8 月 23 日，中国人民银行发布《2019 年人民币国际化报告》。

8 月 27 日，在哈尔滨市召开 2019 年人民币在周边国家和地区使用座谈会，研究部署进一步深化扩大周边国家和地区人民币跨境使用相关工作。

9 月 10 日，国家外汇管理局公告取消合格境外机构投资者

（QFII）和人民币合格境外机构投资者投资额度限制。

9月12日，中国人民银行发布2019年第18号公告，授权中国银行马尼拉分行担任菲律宾人民币业务清算行（中国人民银行公告〔2019〕第18号）。

10月8日，中国人民银行与欧洲中央银行续签规模为3 500亿元人民币/450亿欧元的双边本币互换协议。

10月15日，中国人民银行与国家外汇管理局联合发布《关于进一步便利境外机构投资者投资银行间债券市场有关事项的通知》（银发〔2019〕240号）。

12月5日，中国人民银行与澳门金融管理局签署规模为300亿元人民币/350亿澳门元的双边本币互换协议。

12月10日，中国人民银行与匈牙利中央银行续签规模为200亿元人民币/8 640亿匈牙利福林的双边本币互换协议。

12月18日，中国人民银行发布2019年第29号公告，进一步便利中国澳门个人人民币跨境汇款业务（中国人民银行公告〔2019〕第29号）。

12月20日，中国人民银行召开人民币国际化工作座谈会。

12月21日，中国金融学会跨境人民币业务专业委员会成立。

2020年

1月6日，中国人民银行与老挝银行签署双边本币合作协议，允许在两国已经放开的所有经常和资本项目下交易中直接使用双方本币结算。

1 月 31 日，中国人民银行会同财政部、中国银行保险监督管理委员会、中国证券监督管理委员会和国家外汇管理局共同发布《关于进一步强化金融支持防控新型冠状病毒感染肺炎疫情的通知》（银发〔2020〕29 号），简化新冠疫情防控相关跨境人民币业务办理流程，支持建立"绿色通道"，切实提高跨境人民币业务办理效率。

2 月 10 日，中国人民银行与埃及中央银行续签规模为 180 亿元人民币/410 亿埃及镑的双边本币互换协议。

3 月 11 日，中国人民银行会同国家外汇管理局发布《关于调整全口径跨境融资宏观审慎调节参数的通知》（银发〔2020〕64 号），将全口径跨境融资宏观审慎调节系数由 1 上调至 1.25。

5 月 7 日，中国人民银行与国家外汇管理局共同发布《境外机构投资者境内证券期货投资资金管理规定》（中国人民银行 外汇局公告〔2020〕第 2 号）。

5 月 20 日，中国人民银行与老挝银行签署规模为 60 亿元人民币/7.6 万亿老挝基普的双边本币互换协议。

7 月 31 日，中国人民银行与巴基斯坦国家银行签署双边本币互换修订协议，将互换规模扩大为 300 亿元人民币/7 200 亿巴基斯坦卢比。

7 月 31 日，中国人民银行与智利中央银行签署双边本币互换修订协议，将互换规模扩大为 500 亿元人民币/56 000 亿智利比索。

7 月 31 日，中国人民银行与蒙古银行续签规模为 150 亿元人民币/6 万亿蒙古图格里克的双边本币互换协议。

8 月 6 日，中国人民银行与阿根廷中央银行续签规模为 700

亿元人民币/7 300 亿阿根廷比索的双边本币互换协议，同时签署规模为 600 亿元人民币的双边本币互换补充协议。

8 月 22 日，中国人民银行与新西兰储备银行续签规模为 250 亿元人民币（新西兰元互换规模按即期汇率计算）的双边本币互换协议。

9 月 17 日，中国人民银行与匈牙利中央银行签署规模为 400 亿元人民币的双边本币互换补充协议。

9 月 25 日，中国证券监督管理委员会、中国人民银行、国家外汇管理局联合发布《合格境外机构投资者和人民币合格境外机构投资者境内证券期货投资管理办法》（证监会 中国人民银行 外汇局令第 176 号）。

9 月 30 日，中国人民银行与印度尼西亚银行签署《关于建立促进经常账户交易和直接投资本币结算合作框架的谅解备忘录》。

10 月 11 日，中国人民银行与韩国银行签署双边本币互换展期与修订协议，将互换规模扩大为 4 000 亿元人民币/70 万亿韩元。

10 月 19 日，中国人民银行与冰岛中央银行续签规模为 35 亿元人民币/700 亿冰岛克朗的双边本币互换协议。

11 月 23 日，中国人民银行与俄罗斯联邦中央银行续签规模为 1 500 亿元人民币/17 500 亿俄罗斯卢布的双边本币互换协议。

11 月 23 日，中国人民银行与香港金融管理局签署双边本币互换修订协议，将互换规模扩大为 5 000 亿元人民币/5 900 亿港币。

12 月 11 日，中国人民银行会同国家外汇管理局调整跨境融资宏观审慎调节参数，将金融机构的跨境融资宏观审慎调节参数由 1.25 下调至 1。

12 月 22 日，中国人民银行与泰国银行续签规模为 700 亿元人民币/3 700 亿泰铢的双边本币互换协议。

2021 年

1 月 4 日，中国人民银行会同国家发展和改革委员会、商务部、国务院国有资产监督管理委员会、中国银行保险监督管理委员会、国家外汇管理局联合发布《关于进一步优化跨境人民币政策 支持稳外贸稳外资的通知》。

1 月 5 日，中国人民银行、国家外汇管理局发布《关于调整境内企业境外放款宏观审慎调节系数的通知》，将境内企业境外放款的宏观审慎调节系数由 0.3 调至 0.5。

1 月 6 日，中国人民银行与卡塔尔中央银行续签规模为 350 亿元人民币/208 亿里亚尔的双边本币互换协议。

1 月 7 日，中国人民银行与加拿大银行续签规模为 2 000 亿元人民币（加拿大元互换规模按即期汇率计算）的双边本币互换协议。

1 月 7 日，中国人民银行会同国家外汇管理局发布《关于调整企业跨境融资宏观审慎调节参数的通知》，将企业的跨境融资宏观审慎调节参数由 1.25 下调至 1。

1 月 27 日，中银香港推出中国香港人民币央票回购做市机制。

3 月 1 日，中国人民银行与柬埔寨国家银行签署双边本币合作协议，将本币结算范围扩大至两国已放开的所有经常和资本项目下交易。

3月19日，中国人民银行与斯里兰卡中央银行续签规模为100亿元人民币/3 000亿斯里兰卡卢比的双边本币互换协议。

6月4日，中国人民银行与土耳其共和国中央银行签署双边本币互换修订协议，将互换规模扩大为350亿元人民币/460亿土耳其里拉。

6月9日，中国人民银行与尼日利亚中央银行续签规模为150亿元人民币/9 670亿尼日利亚奈拉的双边本币互换协议。

7月6日，中国人民银行与澳大利亚储备银行续签规模为2 000亿元人民币/410亿澳大利亚元的双边本币互换协议。

7月12日，中国人民银行与马来西亚银行续签规模为1 800亿元人民币/1 100亿马来西亚林吉特的双边本币互换协议。

7月13日，中国人民银行与巴基斯坦国家银行续签规模为300亿元人民币/7 300亿巴基斯坦卢比的双边本币互换协议。

8月20日，中国人民银行与智利中央银行续签规模为500亿元人民币/60 000亿智利比索的双边本币互换协议。

9月6日，中国人民银行与印度尼西亚银行正式启动中国印度尼西亚本币结算合作框架。

9月10日，粤港澳三地同时发布《粤港澳大湾区"跨境理财通"业务试点实施细则》。

9月13日，中国人民银行与南非储备银行续签规模为300亿元人民币/680亿南非兰特的双边本币互换协议。

9月15日，中国人民银行、香港金融管理局发布联合公告，开展内地与中国香港债券市场互联互通南向合作，中国人民银行发布《关于开展内地与香港债券市场互联互通南向合作的通知》。

10 月 25 日，中国人民银行与日本银行续签规模为 2 000 亿元人民币/34 000 亿日元的双边本币互换协议。

10 月 29 日，富时罗素公司正式宣布将中国国债纳入富时世界国债指数（WGBI）。

11 月 12 日，中国人民银行与英格兰银行续签规模为 3 500亿元人民币/400 亿英镑的双边本币互换协议。

12 月 10 日，人民币跨境收付信息管理二代系统上线试运行。

12 月 23 日，中国人民银行、国家外汇管理局发布《关于支持新型离岸国际贸易发展有关问题的通知》，鼓励银行优化金融服务，为诚信守法企业开展真实、合规的新型离岸国际贸易提供跨境资金结算便利。

2022 年

1 月 21 日，中国人民银行与印度尼西亚银行续签规模为 2 500亿元人民币/550 万亿印度尼西亚卢比的双边本币互换协议。

1 月 29 日，中国人民银行、国家外汇管理局发布《关于银行业金融机构境外贷款业务有关事宜的通知》，进一步支持和规范境内银行开展境外贷款业务。

5 月 11 日，国际货币基金组织执董会完成了 5 年 1 次的特别提款权（SDR）定值审查，将人民币权重由 10.92% 上调至 12.28%，人民币权重仍保持第 3 位。执董会决定，新的 SDR 货币篮子在 2022 年 8 月 1 日正式生效。

6 月 20 日，中国人民银行印发《关于支持外贸新业态跨境人民币结算的通知》。

7 月 4 日，中国人民银行与香港金管局签署常备互换协议，双方将自 2009 年起建立的货币互换安排升级为常备互换安排，协议长期有效，互换规模由原来的 5 000 亿元人民币/5 900 亿元港币扩大至 8 000 亿元人民币/9 400 亿元港币。

（资料来源：中国人民银行. 2022 年人民币国际化报告［EB/OL］.（2022-09-24）［2023-05-06］.https://www.gov.cn/xinwen/2022 - 09/24/5711660/files/003e0bd04d4742a5a06869fdc37ea8c8.pdf）